Silva Kelly • Tartufo

Silva Kelly

TARTUFO

Abenteuer eines Zebrafinken

Bibliografische Information der Deutschen Nationalbibliothek
Die Deutsche Bibliothek verzeichnet diese Publikation in der
Deutschen Nationalbibliografie; detaillierte bibliografische Daten
sind im Internet über http://dnb.ddb.de abrufbar.

www.medu-verlag.de

Silva Kelly
TARTUFO
Abenteuer eines Zebrafinken
© 2015 MEDU Verlag
Dreieich bei Frankfurt/M.
Covermotiv und Bilder im Innenteil: © Silva Kelly
Umschlaggestaltung: im Verlag

Printed in EU

ISBN 978-3-944948-26-3

Inhalt

Ein aufregender Tag

Tartufo, einem jungen Zebrafinken, gefällt es nicht mehr zu Hause und so macht er sich auf, die Welt kennen zu lernen. Er fliegt und fliegt und findet es wundervoll. So viele Geräusche, Gerüche, Farben, Häuser und Bäume! Nach schier endloser Zeit lässt er sich auf einem rosafarbenen Blütenbaum nieder. Er ist erschöpft und verwirrt. Wo ist er nur?

Er blickt sich um und sieht auf einen großen, breiten Balkon, der zu einem bunten Haus gehört. Als er näher hinschaut, bemerkt er eifriges Geflatter. Emsig fliegen schwarze, braune, blaugelbe und olivfarbene Artgenossen hin und her. Er stellt fest, dass alle größer sind, aber er hat keine Angst, denn er trägt das prachtvollste Federkleid von allen. Am schönsten jedoch sind seine rostfarbenen Kleckse auf den Wangen. Er findet sich so schön und er fühlt sich so stark, dass er beschließt, auf den Balkon zu fliegen. Er gibt sich einen Ruck und plumps!, landet er hart auf dem Fliesenboden.

Neugierig schaut er sich um. Es gibt so viel für ihn zu sehen, auch Wasser ist da. Er will es gerade kosten, denn vom langen Fliegen ist er durstig geworden. Kaum nähert er sich jedoch der Tränke, kommt ein schwarzer Riesenvogel, ein Amselmännchen, drohend auf ihn zugeflogen. Er bekommt so einen eisigen Schreck, dass er durch die offene Balkontür ins Innere hopst. Das ist noch mal gut gegangen!

Der Teppich ist rot und weich und flauschig. Er gefällt ihm. Er stolziert weiter und weiter und gelangt von einem Zimmer in ein anderes. Plötzlich vernimmt er eine Melodie und fühlt sich so wohl, dass er beschließt, hierzubleiben.

Mit einem Mal nähern sich unglaublich große Füße und die Zehennägel sind so rot wie sein Schnabel! Was für ein Ungeheuer! Vor Schreck flattert er hoch und landet auf einem Tisch. Das Ungeheuer verfolgt ihn und er fliegt ins Zimmerinnere zurück. Tartufo hopst auf ein Bücherregal. Hier glaubt er sich sicher. Aber das Ungeheuer hat ihn auch hier entdeckt und versucht, ihn zu greifen. Er flattert verzweifelt durch die Luft, immer wieder hin und her, aber er findet keinen Ausgang!

Da sieht er einen Durchgang und er ist in einem anderen Raum, in dem es sehr aromatisch riecht.

Er lässt sich erschöpft auf einer Platte nieder und atmet tief durch. Er blickt hoch und traut seinen Augen nicht: Vor ihm sitzt auch so ein schöner Zebrafink! Er schmettert voller Glück eine Begrüßungsarie und versucht dann, ihn mit dem Schnabel zu berühren. Aber es gelingt ihm nicht, denn er sitzt vor einem Spiegel und erblickt sich selbst. Ungläubig bleibt er sitzen und wehrt sich auch nicht, als er ergriffen und hochgehoben wird.

Das Ungeheuer schließt eine warme Hand um seinen Körper. Die andere Hand streichelt seinen Kopf und er vernimmt ein Pfeifen. Er hat schreckliche Angst und sein Herz schlägt so laut und heftig, dass er glaubt, es würde zerspringen. Das Ungeheuer redet leise und behutsam auf ihn ein und streichelt immer wieder ganz vorsichtig sein Köpfchen. Langsam beginnt seine Angst zu schwinden und er riskiert einen scheuen Blick nach oben. Er schaut in zwei große blaue Augen, die ihn liebevoll anblicken.

Das Ungeheuer ist nicht böse. Es trägt ihn spazieren und redet leise mit ihm. Aber er versteht es nicht. Es durchquert mit ihm mehrere Räume und setzt ihn schließlich wieder auf der Platte ab, wo er hochgenommen wurde. Abermals erblickt er sein Spiegelbild und ist zufrieden. Er bleibt ganz ruhig sitzen und starrt sich an. Das Ungeheuer streut ein paar Hirsekörner vor ihm aus und stellt ein winziges Gefäß mit Wasser hin. Dann entfernt es sich und zieht eine Tür hinter sich zu. Es ist sehr still. Er wartet eine Weile, dann beginnt er zu trinken und pickt zaghaft, dann immer mutiger.

Beim Zeus - was hat er heute nicht alles erlebt! Er ist so müde, dass er gar nicht merkt, wie er einschläft.

Die Große Mutter

Tartufo erwacht. Er befindet sich in einem goldenen Käfig, der im Flur auf einer Bauerntruhe steht. Wie ist er nur hierhergekommen? Benommen denkt er nach. Wo sind seine Eltern? Seine Geschwister? Er ist allein in diesem Käfig. Was ist geschehen? Es dämmert ihm - er hat einen Ausflug in die große weite Welt unternommen und sitzt jetzt hier gefangen und allein.

Trotz allem Kummer verspürt er Hunger und beschließt erst einmal, sich umzusehen. Er schwingt sich auf die Kolbenhirse, die vom Dach des Käfigs herunterhängt und verspeist die Samen mit gesundem Appetit. Seinen Durst stillt er auch und pickt den am Boden liegenden Vogelgrit und die Mineralien. Vögel haben keine Zähne und fressen deshalb diese Steinchen, um das Futter im Magen verdauen zu können.

Gesättigt schaut sich Tartufo um und versucht, zu fliegen, aber der Käfig lässt ihm wenig Platz dazu. Traurig lässt er sich auf der Stange nieder. Er grübelt. Wo ist sein Ebenbild von gestern? Er schielt nach rechts und erblickt durch eine Scheibe einige Bäume, auch Blau- und Kohlmeisen sieht er vorbeifliegen. Er bezweifelt, dass sie ihn sehen können, denn sie nehmen keine Notiz von ihm.

Er fängt an zu singen. Vielleicht nutzt das etwas und er ist doch nicht so allein. Aber niemand antwortet. Auf einmal geht ein ohrenbetäubender Lärm los. Er erschrickt fürchterlich - es sind Straßenbauarbeiter, die die Straße aufreißen und eine Mischmaschine in Gang setzen. Es rattert und dröhnt, dass ihm die Luft wegbleibt.

Dann ist Ruhe. Doch nach einer Weile setzt der Lärm wieder ein. So geht es den ganzen Tag, nur in der Mittagspause ist eine längere, wohltuende Stille.

Das Ungeheuer sieht oft nach ihm und pfeift jedes Mal die Erkennungsmelodie. Er fängt an, sich daran zu gewöhnen. Doch bleibt er traurig, denn der Käfig ist klein und er ist einsam. Das Ungeheuer blickt ihn ratlos an. Es scheint zu spüren, dass er traurig ist. Es redet mit ihm, aber er versteht es nicht. Er beschließt, das Ungeheuer Große Mutter zu nennen, denn es ist rührend um ihn besorgt. Später kommen noch zwei Ungeheuer, die ihn interessiert betrachten und auch versuchen, sich irgendwie verständlich zu machen. Sie stellen eine große silbrig glänzende Platte, einen Spiegel, hinter seinen Käfig an die Wand und siehe da, das Zebrafinkenmännchen von gestern ist wieder da! Aufgeregt hüpft er von Stange zu Stange und sein Gegenüber macht ihm alles nach. Er kann es zwar nicht berühren, aber sehen. Überwältigt vor Freude schmettert er seine Arien und merkt gar nicht, dass er keine Antwort erhält. Glücklich über diesen Zuwachs schläft er ein.

Zimtsternchen

Bedingt durch die Aufregungen ist Tartufo in den letzten beiden Tagen früh eingeschlafen. Nach Vogelmanier geht er früh zu Bett und steht zeitig am Morgen wieder auf. Auch heute Morgen hat er das so gehalten. Und siehe da, sein Gegenüber ist auch schon wach. Fröhlich fängt er an zu pfeifen, das jedoch eher einem Grunzen gleicht. Tartufo stört das nicht. Er beschließt, sein neues Leben positiv zu sehen und auch danach zu leben.

Die Große Mutter ist Langschläferin. Er sieht sie nie vor 9 Uhr morgens. Vielleicht braucht sie wegen ihrer ungeheuren Größe mehr Schlaf? Sie hat nie mehr versucht, ihn einzufangen und in Angst und Schrecken zu versetzen. Sie öffnet die Käfigtür und stellt täglich frisches Wasser und verschiedene Leckereien bereit. Heute morgen überrascht sie ihn mit einem Bouquet Vogelmiere und einigen frisch gepflückten Halmen. Etwas ganz Besonderes! Sie stellt es in ein kleines wassergefülltes Fässchen auf den Käfigboden und schließt vorsichtig die Tür. Gierig stürzt er sich darauf, sobald Große Mutter außer Sichtweite ist. Er weiß schließlich, was sich als Gentleman gehört. Dass sein Gegenüber ihm alles nachmacht, ignoriert er großzügig.

Ihm munden die Miere und die Halme sehr, besonders die zarten grünen Pflänzchen, die ihm auf der Zunge zergehen. Aber da ist wieder dieser grässliche Lärm von der Straße zu hören. Große Mutter schließt schon die Fenster, trotzdem ist der Krach kaum auszuhalten!

Tartufo lebt nun schon eine ganze Weile in seiner neuen Welt und hat sich den Umständen entsprechend eingelebt. Doch heute wird er in seinem Rhythmus gestört. Plötzlich kommt Große Mutter - ohne zu pfeifen -, öffnet den Käfig und lässt etwas Zimtfarbenes hineinflattern. Er ist platt. Ein Zimtweibchen! Er starrt sie ungläubig an. Sie ist natürlich nicht so schön wie er, aber dafür größer und kräftiger.

Auch fehlen ihr die rostfarbenen Wangenkleckse, dafür hat sie unter den Augen einen sehr feinen schwarzen Lidstrich, der ihr einen majestätischen Ausdruck verleiht. Er hat natürlich seine wunderschönen rostfarbenen Kleckse und seine braun-weißen Federchen links und rechts zum Ausgleich. Tartufo ist sprach- und hilflos. Wie soll er sich verhalten?

Er will eine seiner berühmten Arien schmettern, doch nur ein klägliches Krächzen kommt aus seiner Kehle. Entsetzt bricht er ab. Zimtsternchen bemerkt seine Hilflosigkeit, fliegt auf ihn zu, rückt ganz nahe an ihn heran und beginnt, seinen Kopf mit ihrem Schnabel zu kraulen. Ein Wonneschauer durchläuft ihn! Er hält ganz still und rührt sich nicht. Im Gegenteil, er scheint zu schrumpfen, so sehr gefällt ihm ihre Behandlung. Sein Herzschlag verdoppelt sich. Sie krault ihn weiter und pickt die Milben an den Stellen heraus, die er selbst nicht erreichen kann. ‚Was für eine prachtvolle Gespielin‘, denkt er selig und macht sich immer kleiner, immer tiefer sinkt er in sich zusammen. Sie ist so zielstrebig und mutig. Sie verstehen sich auf Anhieb und schließen innige Freundschaft.

Nach einer langen Weile erzählt sie ihm ihre Geschichte. Er kuschelt sich behaglich zurecht und hört ihr aufmerksam zu. Er schließt seine Augen und ist ganz Ohr. Sie räuspert sich laut und beginnt zu erzählen: Sie kommt aus einem Käfig, wo sie mit vielen anderen Artgenossen - Weibchen und Männchen - zusammengepfercht auf die Freiheit gewartet hat. Sie hatten wenig Platz in ihrem kleinen Gehege. Auf einmal ergreift sie eine riesige Hand, nachdem sie vorher alle durcheinander gewirbelt wurden, und sie wird in einen kleinen Pappkäfig mit zwei winzigen Luftlöchern gestopft. Dann wird sie fortgetragen. Sie hat unglaubliche Angst. Es ist dunkel im Inneren der Schachtel und eng.

Kurz darauf hört sie ein lautes Brummen und wird auf den Boden eines Wagens gesetzt und durchgeschüttelt, wieder hochgehoben und schließlich ins Helle entlassen, zu ihm! Vor Angst wäre sie fast ohnmächtig geworden und sie hat einige Federn verloren.

Ermüdet vom vielen Erzählen und den Ereignissen der letzten Stunde hält sie inne.

Sie atmet schnell. Er öffnet die Augen, sieht sie an und bittet sie, sich auszuruhen und zu entspannen. Sie ist in Sicherheit. Er fliegt um sie herum und zeigt ihr alle Futterstellen. Er holt tief Luft. Er fühlt sich auf einmal so reich und zufrieden. Was für eine zauberhafte Gefährtin, was für eine wunderbare Welt, was für ein besonderer Tag! Erst ist er allein, dann zu zweit und jetzt sind sie schon zu viert. Er hat noch immer nicht begriffen, dass die anderen zwei nur ihre Spiegelbilder sind.

Sie gehen früh schlafen. Die Begegnung hat sie beide müde gemacht. Zufrieden wirft er noch einen Blick auf Zimtsternchen, dann rückt er näher an sie heran. Eng aneinandergeschmiegt sitzen sie auf der Stange.

Er betrachtet sie liebevoll, dann schließen sich auch seine Augen, denn sein tapferes Zimtsternchen ist schon lange vor ihm erschöpft, aber zufrieden, eingeschlafen.

Tartufos erstes Bad

Gemeinsam wachen sie am nächsten Morgen auf. Sie haben sich während der Nacht eng aneinander gekuschelt. Er hat seinen Schreck überwunden und beginnt, ihr den Hof zu machen. Er benimmt sich für sein junges Alter sehr edel. Aber er ist nicht so souverän wie Zimtsternchen und deshalb hat sie auch vom ersten Moment an die Führung übernommen. Er kann es nicht ändern und fügt sich.

Den ganzen Morgen ist er damit beschäftigt, seine Geschichte zu erzählen. Ihre wunderschönen Augen werden immer runder, so sehr imponiert er ihr. In seinem Stolz und Übereifer übertreibt er maßlos und vergisst zu erwähnen, welche Angst er ausgestanden hat und das soll sich bald rächen.

Tartufo berichtet von Großer Mutter und von allen anderen Begegnungen. Er erzählt vom Tagesablauf, dem Krach und auch von seinem Spiegelbild. Zimtsternchen hört aufmerksam zu. Doch schon bald stürzt sie sich auf die Kolbenhirse und die Miere. Leckereien dieser Art hatte sie in ihrem vorherigen Gehege nicht bekommen. Gierig fängt sie an zu futtern und Tartufo sieht mit Schrecken, was für einen gesegneten Appetit sie hat und hofft inständig, dass Große Mutter die Futterportionen erhöht.

Am Spätnachmittag beschließt Zimtsternchen zu baden. Sie fliegt auf den Rand der großen Wasserschale, trinkt ein paar Tröpfchen, fliegt davon, setzt sich wieder an den Rand und lässt sich ins Wasser fallen. Ihn schaudert.

Sie planscht ausgelassen herum, reckt und streckt sich, schüttelt die Flügel und wackelt mit dem Hinterteil so schnell hin und her, dass Tartufo Mühe hat, ihr mit den Augen zu folgen. Zimtsternchen ist in ihrem Element. Sie genießt ihr Bad in vollen Zügen, macht sich wieder ganz nass, hüpft heraus und beginnt das Spiel von Neuem. Schließlich hat sie genug, fliegt tropfnass auf eine Stange und beginnt, sich in aller Ruhe zu putzen.

Tartufo hat bemerkt, dass sie etwas schwerfällig auf die Stange geflogen ist. Wenn ein Vogel sehr nass ist, hat er Mühe, sich schnell fortzubewegen, vor allem in die Lüfte zu schwingen. Dann sind sie eine leichte Beute für Elstern, Falken und andere Raubvögel, vor allem aber auch für die Katzen.

Nach einer Weile signalisiert Zimtsternchen Tartufo, auch zu baden. Er rümpft seine Nase und gibt sich sehr gelangweilt. In Wahrheit scheut er das Baden wie der Teufel das Weihwasser. Er will nicht baden und es dämmert ihm plötzlich, warum zwei Wasserschalen im Käfig sind, eine kleine und eine wesentlich größere. Er hat beide immer nur als Tränke benutzt. Er zögert.

Als sie begreift, dass er kneifen will, teilt sie ihm unmissverständlich mit, dass sie sich einen sauberen Partner wünscht und er deshalb baden muss! Und zwar täglich! Ihm sträuben sich die Federn. Wie kann er zugeben, dass er überhaupt noch nie gebadet hat?

Er ziert sich fürchterlich und fliegt nervös hin und her und hin und her, immer wieder, ohne Unterlass. Er gebraucht alle Ausreden, die ihm einfallen - aber sie nützen ihm nichts!

Zimtsternchen geduldet sich noch ein paar Minuten und lässt ihn weiter dummes Zeug faseln, dann schließlich wird es ihr zu bunt und sie schießt wie ein Pfeil auf ihn zu, springt ihm auf den Rücken und knufft ihn kräftig. Sie macht einen Höllenlärm dabei. Trotzdem muss sie noch mehrere Angriffe fliegen, bis er begreift, dass ein Entkommen unmöglich ist. Hat er überhaupt noch eine Wahl? Also fliegt er an den Rand der Badewanne, nippt am Wasser und ... fliegt wieder davon.

Der Angstschweiß bricht ihm aus. Da springt sie ihm wieder auf den Rücken und beißt ihn wesentlich härter. Vor Schmerz schreit er laut auf, fliegt fluchtartig zum Becken und lässt sich verzweifelt ins Wasser fallen. Er ist so verstört, dass er zu atmen vergisst und sich verschluckt. Er stellt sich so dämlich an, dass Zimtsternchen lachen muss.

Seine Angst schwindet allmählich. Sein Zustand normalisiert sich. Er blickt auf Zimtsternchen und ihr Lachen steckt ihn an. Er hüpft aus dem kühlen Nass und spaziert am Boden entlang. Er sieht an sich herunter, alles ist tropfnass, seine Kleckse sehen ungepflegt und verstrubbelt aus und auch sein übriges Gefieder lässt zu wünschen übrig. Aber was tut man nicht alles, um seiner Gespielin zu gefallen! Und wenn er ehrlich ist - so schlimm und unangenehm war das unfreiwillige Bad gar nicht und ein klein wenig hatte es ihm sogar gefallen. Ja, er freut sich sogar schon auf das nächste Mal.

Der Umzug

Einige Tage später beschließt Große Mutter, ihre beiden Schützlinge auf dem Balkon ins Freie zu stellen. Die Temperaturen sind angenehm und die Sonne scheint. Sie packt den Käfig und schleppt ihn durchs ganze Haus. Tartufo und Zimtsternchen flattern aufgeregt hin und her und kommen vor Schreck nicht zur Ruhe. Große Mutter stellt den Käfig auf einen Tisch, sonnengeschützt unter eine Markise.

Tartufo sieht sich fragend um und erinnert sich, dass er vor Ewigkeiten hier gelandet ist. Sie beobachten das Treiben auf dem Balkon. Viele freilebende Vögel kommen hierher und suchen Futter. Anfangs reagieren alle noch sehr scheu, doch schon bald akzeptieren sie den Vogelbauer und seine Bewohner. Auch Tartufo und Zimtsternchen blicken gelassen auf ihre gefiederten Besucher.

Abends trägt Große Mutter sie wieder hinein und stellt sie zur Nachtruhe auf der Bauerntruhe im Flur ab. Sie gewöhnen sich bald an den neuen Standort und reagieren normal, wenn Große Mutter sie morgens und abends hin und her trägt. Es scheint sogar, als würde ihnen die Schaukelei gefallen, denn sie sitzen unbeweglich auf der Stange, nur ihre Äuglein beobachten ganz genau, was da vor sich geht.

Tartufo beachtet sein Spiegelbild nicht mehr, denn Zimtsternchen hat ihn aufgeklärt. Große Mutter bemerkt es und entfernt den Spiegel. Eines Nachmittags kommt sie unverhofft auf den Balkon - ohne sich durch ihr Pfeifen anzumelden - und stellt einen viel größeren Käfig auf den Boden. Es ist fast eine Voliere, so geräumig ist er.

Große Mutter baut und hämmert und öffnet schließlich den kleinen Käfig, streckt eine Hand hinein und versucht, Tartufo zu fangen. Das gefällt ihm ganz und gar nicht. Er fliegt aufgeregt von einer Seite zur anderen, flattert von oben nach unten und auch Zimtsternchen hüpft aufgelöst umher. Doch es nutzt nichts! Tartufo wird gefangen. Große Mutter zieht den kleinen putzigen Kerl heraus und lässt ihn in dem neuen Gehege frei. Zimtsternchen folgt ihm kurze Zeit später.

Sie blicken sich beide um und können es nicht glauben! Sie sind in einem Palast, sie fliegen hin und her, hoch und tief, probieren alle Sitzgelegenheiten aus, begutachten die vier Futterstellen, die mit Hirse, Wildsämereien, Fettfutter und Wasser gefüllt sind, entdecken zwei Hirsekolben, die vom Dach herunterhängen, eine wilde Schaukel und verschiedene Gräser und Vogelmiere. Außerdem waten sie in frischem Sand und entdecken Eifutter, Muscheln und Mineralien. Sie sind im Schlaraffenland. Sie stolzieren am Boden entlang, fliegen in die Höhe, es ist paradiesisch! Sie zwitschern und singen, bis sie vor Anstrengung heiser werden. Schließlich kuscheln sie sich zusammen und schlafen glückselig ein.

Verbrüderung

Inzwischen haben sich Tartufo und Zimtsternchen an ihr neues Quartier gewöhnt. Sie bewegen sich so selbstverständlich und sicher, als hätten sie diesen Palast schon immer bewohnt. Auch die Kohl- und Blaumeisen interessieren sich für den Käfig und statten den beiden immer häufiger einen Besuch ab. Sie versuchen sogar, aus den innen angebrachten Futternäpfen die Körner zu erhaschen, was ihnen jedoch nicht gelingt, ja nicht gelingen kann.

Anfangs fliegen Tartufo und Zimtsternchen noch wütend davon, wenn sich einer von den blau- und schwarzgelb Gefiederten nähert. Inzwischen bleiben sie ruhig sitzen und beobachten sie! Ja, sie fangen sogar ein Gespräch an. Sie nicken artig mit dem Kopf, wenn sie begrüßt werden und gewöhnen sich mehr und mehr aneinander. Es kommt immer häufiger vor, dass ihr Gehege von außen inspiziert wird. Die lustigen Kerlchen fliegen auf den Käfig, an die Seite, kommen von vorn und bleiben sogar über ihnen auf der Wäscheleine sitzen.

Große Mutter bringt noch einige Plastikfutterschalen außen an und füllt sie mit Erdnüssen. Und siehe da, die Blau- und Kohlmeisen lassen sich nicht zweimal bitten und holen ihr Futter direkt vom Käfig. Auch die Erkennungsmelodie ist Tartufo und Zimtsternchen längst in Fleisch und Blut übergegangen. Große Mutter braucht nur den ersten Ton anzustimmen, und schon antworten beide im Chor, laut und mit einem meckernden Tonfall.

Zimtsternchen stürzt sich mit einem wahren Elan auf die morgendlichen Leckereien, die Große Mutter anbietet. Im Gegensatz zu Tartufo kann sie sich nicht beherrschen. Er wartet in Ruhe ab und lässt Zimtsternchen den Vortritt als Gentleman - obwohl er auch manchmal Mühe hat, sich zu bezwingen, besonders bei geriebenen Möhrchen mit Quark.

Durch Zufall hat Große Mutter ihre Vorliebe für Spaghetti entdeckt. Sie hatte einmal auf dem Balkon eine Portion gegessen, stellte den Teller auf dem Käfigdach ab, als das Telefon klingelte und als sie wiederkam, sah sie, dass einige Spaghetti in den Käfig gefallen waren und die beiden Süßen sie sich genüsslich schmecken ließen. Jetzt bekamen sie ab und zu gekochte Spaghetti, auch gekochten Reis und Kartoffeln.

Heute morgen gibt es eine neue Leckerei - Heimchen. Große Mutter will feststellen, ob ihre Lieblinge auch diese Proteine mögen und siehe da, Zimtsternchen macht sofort einen Looping auf den Boden, als sie das neue Futter sowie Motten und Raupen entdeckt. Sie stürzt sich so darauf, dass Tartufo Mühe hat, auch nur einen Bissen zu ergattern.

Ein paar Tage später gibt es Mehlwürmer. Das ist eine wahre Delikatesse für die beiden. Bei dieser Leckerei vergisst sogar Tartufo seine gute Erziehung, springt Zimtsternchen auf den Rücken und knufft sie, weil sie ihm nichts übriggelassen hat. Große Mutter hat es lächelnd beobachtet und stellt am nächsten Morgen zwei Schälchen mit Mehlwürmern auf, so dass Tartufo auch seine Portion bekommt. Trotzdem muss er sich beeilen, da Zimtsternchen auch noch auf seine Portion spekuliert, so gierig frisst sie und bemüht sich - unter Anwendung aller Tricks - noch einige aus seiner Schale zu erhaschen, was ihr jedoch nicht gelingt!

Für weitere Aufregung sorgen zwei vierfüßige Ungeheuer. Einmal ist Große Mutter nicht da, als der größere und dickere Vierfüßler laut zu bellen anfängt und auf den Käfig zu springen versucht, um die Zebrafinken zu schnappen. Der kleinere Vierfüßler folgt mit Abstand und bellt noch lauter.

Zimtsternchen wird blass. Alle anderen Vögel haben schon das Weite gesucht und Tartufo weiß auch nicht so recht, ob sie in Sicherheit sind oder nicht? Der größere Vierfüßler hat die Tatzen an den Rand des Vogelbauers gepresst und bellt böse hinein. Seine Augen funkeln. Tartufo bekommt große Angst und fliegt schnell mit Zimtsternchen auf die oberste Sitzstange.

Ist ihr Leben hier zu Ende? Ist es nur eine Bedrohung? Tartufos Herzschlag rast, er wagt nicht, in Zimtsternchens Augen zu blicken. Angstvolle Minuten vergehen. Der zottelige große Vierfüßler kommt immer näher mit seinen fürchterlich großen Zähnen. Zimtsternchen zittert und bangt um ihr Leben. Was soll nur werden?

Gott sei Dank! Große Mutter erscheint und pfeift ihre Vierbeiner zurück. Sie verschwinden mit eingezogenen Ruten. Tartufo atmet auf, das ist noch einmal gut gegangen. Aber so richtig traut er dem Frieden noch nicht und bleibt vorsichtshalber mit Zimtsternchen oben auf der Stange sitzen. Doch die Vierfüßler lassen sich heute nicht mehr blicken.

Am nächsten Tag schleichen sie wieder um die Voliere herum, doch Große Mutter zieht ihnen die Ohren lang und verbietet ihnen ein für allemal, die Vögel zu belästigen. Doch so ganz begreifen Timmy und Tatjana es noch nicht und sie versuchen weiterhin, näher an den Käfig zu kommen, um mit den Zebrafinken Kontakt aufzunehmen.

Mit der Zeit gewöhnen sich die Vierfüßler an die kleinen Vögel und beachten sie kaum noch, ja sie lassen sie links liegen und dösen direkt vor ihrem Käfig. Als auch die freilebenden Vögel wenig Scheu vor den Hunden zeigen, über sie hinwegfliegen und sich ihr Futter holen, traut sich auch Tartufo, wieder ungeniert im Käfig herumzustolzieren.

Ja, Zimtsternchen und er haben im Laufe der Zeit fast Freundschaft mit ihnen geschlossen. Sie verhalten sich ganz normal, wenn die zwei den Balkon betreten und um ihren Käfig herumschleichen. Auch die Hunde haben das Jagdinteresse an den Zebrafinken verloren und akzeptieren sie inzwischen als Familienangehörige. Ruhe ist eingekehrt und kommt allen zugute.

Der Nestbau

Kaum hat Große Mutter morgens Miere und Halme in den Käfig gestellt, trägt Tartufo alles zusammen. Aber wohin? Er bemüht sich, aber das Fundament seines Hauses fehlt. Er findet nur die Inneneinrichtung und weiß nicht, wohin mit seinem Material.

Große Mutter beobachtet ihn seit Tagen und beschließt schließlich, ihm zu helfen. Sie besorgt sich ein Nest und Nistmaterial aus Kokosfasern - natürliches Nestbaumaterial - für exotische Vögel. Sie befestigt das Nest oben rechts am Käfig und verstreut etwas Material am Boden. Tartufo und Zimtsternchen bemerken es und sind nicht mehr zu bremsen. Zimtsternchen gibt Tartufo Anweisungen, begibt sich sofort ins Nest, um alles Weitere zu organisieren und feuert Tartufo an.

Er muss ihr umgehend diese Naturprodukte ans Nest bringen! Obwohl es heute sehr heiß ist, gönnt sie ihm keine Ruhe und keine Pause. Er flattert aufgeregt von einer Seite zur anderen und versucht, so viele Halme und Gräser zu stutzen und zu ihr zu transportieren, wie er nur tragen kann.

Große Mutter muss schmunzeln, wenn sie den übereifrigen, putzigen Kerl beobachtet, wie er mit dem großen Gewicht einen Looping nach dem anderen dreht, auf dem Boden landet, auf dem Weg nach oben wieder alles verliert und unermüdlich von Neuem anfängt.

Zimtsternchen sieht seinem Treiben eine Weile zu, ehe sie sich entschließt, einzugreifen und ihm zu zeigen, wie man es richtig macht. Tartufo ist überglücklich, dass Zimtsternchen seine Arbeit übernommen hat und schwingt sich auf die Leiter, schmettert laut ein Liedchen und beginnt, genüsslich Hirse zu picken. Stirnrunzelnd beobachtet sie ihn, während sie die schweren Halme professionell ins Nest befördert und bearbeitet.

Ganz plötzlich reißt ihr der Geduldsfaden und sie springt ihm so unerwartet auf den Rücken und beißt ihn, dass er vor Schreck sein Körnchen fallen lässt und einen lauten Schrei ausstößt. Sofort nimmt er seine schwere Arbeit wieder auf und schleppt unermüdlich Baumaterial nach oben. Zimtsternchen erwartet ihn schon und nimmt ihm alles ab, was er anbringt und verflechtet die Halme, Gräser und Kokosfasern zu einer gemütlichen Lagerstatt. Er arbeitet wie aufgezogen, unter Aufbietung seiner ganzen Kraft und fühlt sich wie ein Roboter. Er bringt ihr alles ans Nest, Grashalme, Federn, getrocknete Vogelmiere, lange Halme, kurze Halme, Hundehaare, Gänseblümchen, kleine Federchen, Wattebällchen ... und schließlich sich selbst! Er fällt erschöpft ins Nest und braucht dringend eine Pause zum Verschnaufen. Zimtsternchen erlaubt es gnädig und legt auch eine längere Pause ein - zum Probeliegen.

Nach Stunden kommen sie wieder zum Vorschein, aber nur, um schnell ein Bad zu nehmen, sich zu putzen und wieder zu verschwinden. So geht das seit Tagen. Das Nestinnere fühlt sich inzwischen so weich und flauschig an, dass Große Mutter versteht, warum die beiden so oft verschwinden und sich am liebsten im Nestchen aufhalten, nicht nur nachts. Zimtsternchen ist immer die Erste, die sich abends zurückzieht, aber nach einem Augenblick ist auch Tartufo verschwunden. Eng aneinander geschmiegt liegen sie in ihrem mit so viel Liebe gebastelten Himmelbettchen und träumen glückselig einem neuen Tag entgegen.

Ein Tag mit Tartufo und Zimtsternchen

Das ist ein Spaß, als die violettfarbene Leiter in den Käfig gestellt wird! Vor allem Zimtsternchen beginnt sofort, hinauf und hinunter zu hüpfen, bleibt auf jeder Stufe stehen und erprobt den neuen Ausguck. Sie ist sowieso sehr neugierig, sie pickt sofort an allen neuen Speisen, die Große Mutter ihnen morgens vorsetzt. Zimtsternchen schwingt sich auf die Schaukel und wippt mit so einem großen Schwung, dass Tartufo schon vom Hinsehen schwindlig wird.

Zimtsternchen vollführt jeden Tag ihre akrobatischen Übungen, hängt kopfunter an der Kolbenhirse, klingelt an dem neuen Glöckchen, dass ihm Hören und Sehen vergeht, und wenn Sissy, die vorwitzige Kohlmeise, zu Besuch kommt, halten sie ein Schwätzchen. Wenn Adam, ihr Mann auftaucht, flirtet sie ganz ungeniert mit ihm. Adam aber ist nur an Erdnüssen und Mehlwürmern interessiert und kümmert sich überhaupt nicht um Zimtsternchen. Sobald er seine Portion ergattert hat, verschwindet er wie ein geölter Blitz, um seine Beute in Ruhe im rosafarbenen Blütenbaum, einem japanischen Kirschblütenbaum, zu vertilgen.

Auch die olivfarbenen Hänflinge kommen täglich, vielmehr halten sie sich den ganzen Tag über auf dem Balkon auf. Sie kommen in Scharen, denn es sind Schwarmvögel, fallen wie ein Überfallkommando ein und fressen ungeniert, bis sie satt sind, im Gegensatz zu den Kohl- und Blaumeisen, die immer nur eine Nuss oder einen Mehlwurm holen und dann mit ihrer Beute davonfliegen.

Die Hänflinge, besser bekannt als Grünfinken, fressen große Mengen von Sonnenblumenkernen, ihrem Lieblingsfutter, das Tartufo und Zimtsternchen nicht sehr mögen. Sie sind zu groß, und sie haben Schwierigkeiten, sie aufzuknacken. Ganz in Ruhe picken sie einen Kern nach dem anderen, als hätten sie überhaupt keine Eile. Niemand macht ihnen ihr Futter streitig. Es gibt nur kleine Rangeleien in den eigenen Reihen, aber der

Klügere gibt auch hier nach, so dass es nie zu ernsthaften Strei-
tereien oder Verletzungen kommt.

Zimtsternchen beachtet sie kaum, es sind zu viele und noch nie
hat einer Kontakt zu ihr aufgenommen. Schmunzelnd beobachtet Tartufo, dass die Männchen die Weibchen beim Fressen vertreiben, also ihre dominante Stellung voll auskosten. Er berichtet
es Zimtsternchen, die ihm gelangweilt zuhört. In Wirklichkeit ist
sie froh, dass Tartufo so verträglich und großzügig ist.

Es ist rührend, anzusehen, wie Tartufo und Zimtsternchen
abends schlafen gehen. Erst verschwindet sie, richtet das Bett-
chen und signalisiert ihm, nachzukommen. Wie süß die zwei
dann nebeneinander gekuschelt im flauschigen Nestchen sitzen, die Schwänzchen in die Höh und nur ihre roten Schnäbel-
chen schauen heraus. Es muss fast donnern und blitzen, damit
sie herausfliegen, um nachzusehen, was los ist.

Sie sind ein eingespieltes Team, haben sich gesucht und gefunden. Doch wie in jeder guten Ehe fliegen auch hier manchmal
die Fetzen. Umso schöner ist dann die Versöhnung. Vor allem
Tartufo ist sofort bereit, seinem über alles geliebten Zimtsternchen jeden Streich oder jede Neckerei zu verzeihen. Sie sind so
glücklich miteinander, schließen zufrieden die Augen und träumen hinüber in einen neuen Tag.

Trudchen

Vor den großen schwarzen und braunen Vögeln, den Amseln, hat Zimtsternchen Respekt, mit Ausnahme von Trudchen, einer jungen Amselin. Sie hat ihre ersten Tage miterlebt, ihre ersten unbeholfenen, tollpatschigen Schritte. Ihr stolzer Papa gibt sich so viel Mühe, ihr alles zu zeigen und zu erklären, sie mit genügend Futter zu versorgen und auf die Gefahren hinzuweisen. Trudchens Schwanzfedern sind noch sehr kurz. Sie hat Schwierigkeiten, zu fliegen und die Balance zu halten und es ist so ulkig anzusehen, wenn sie vorwärtshopst. Sie wirkt wie ein fetter Kloß, aufgeplustert und unsicher. Zimtsternchen muss lachen, wenn sie sich vorstellt, Trudchen käme angerollt.

Große Mutter hat Kartoffelbrei mit etwas Öl und Traubenzucker vermischt auf den Balkon gestreut, auch Erdnüsse, Rosinen, Haferflocken, halbierte Weintrauben und Sonnenblumenkerne für die Amseln, Spatzen, die Stare und Grünlinge, auch für die Kohl- und Blaumeisen, den Eichelhäher und die drei Elstern.

Zimtsternchen hat die Elstern heute Morgen schon gesichtet und sich vor ihnen gefürchtet, aber sie weiß, dass sie und Tartufo in der Voliere vor Zugriffen sicher sind.

Es ist ein Kunststück, wie Trudchens Papa Rosinen, Weintrauben, Kartoffelbrei und Haferflocken auf seinem Schnabel aufhäuft, um es ihr zu bringen, die schon ungeduldig und flügelschlagend versteckt im Tannenbaum auf Nahrung wartet. Oft verliert er alles und fängt von Neuem an. Er ist unermüdlich und sehr geduldig.

Einmal schleppt er Trudchen einen Ohrenkneifer an und steckt ihn ihr in den Schnabel. Doch Trudchen ist zu ungeschickt und lässt ihn fallen. Hurtig bückt er sich, pickt ihn auf und reicht ihn ihr ein zweites Mal. Wieder geht es schief, doch Papa gibt nicht auf! Er probiert so lange, bis der Käfer schließlich in ihrem Schlund landet. Ohne müde zu werden, versorgt er Trudchen mit Nahrung und frisst selbst kaum etwas. Er ist ein hervorragender Vater, der sich sehr um seine Tochter bemüht.

Trudchen bleibt oft stundenlang in ihrem Versteck hocken und meldet sich mit lautem Geschrei und Geflatter, wenn Papa sich ihr nähert. Sie ist unersättlich und jagt ihn den ganzen Tag und bettelt um Nahrung.

Mit jedem Tag wird Trudchen selbstsicherer und wagt sich schon mal etwas näher an den Balkon heran. Sie versucht auch größere und längere Flugmanöver, aber ganz sicher ist sie noch nicht. Trudchen ist bildhübsch gezeichnet mit ihren hellbraunen Tupfen auf der beigefarbenen Brust und den schwarzen Punkten auf dem Rücken, die selbst ihre Flügel zu zwei Dritteln bedecken. Sie sieht wie ein Norwegerpullover aus.

Allmählich verliert sie ihre Scheu und kommt so nahe an den Käfig heran, dass Zimtsternchen die Farbe ihrer Augen erkennen kann. Sie ist eine wunderschöne junge Dame geworden.

Dann kommt der Tag, den Tartufo und Zimtsternchen niemals vergessen. Trudchen beobachtet Papa, wie er wieder einmal in diese große Schüssel, die mit Wasser gefüllt ist, hineinsteigt und badet. Erst sitzt er immer ein Weilchen auf dem Rand und trinkt ein paar Schlückchen. Dann springt er hinein ins kühle Nass, reckt und streckt sich, duckt und wendet sich ein paar Mal und spreizt sein Gefieder. Er genießt sein Bad! Er hüpft auf den Rand und springt wieder hinein. Es gefällt ihm so gut, dass er gleich noch einmal badet. Kein Wunder, denn heute meint es Frau Sonne auch besonders gut und schickt ihre wärmenden Strahlen zur Erde.

Papa suhlt sich im Wasser. Schließlich hat er auch lange genug anstehen müssen. Die Badegelegenheit wird von den Amseln, Spatzen, Staren und Hänflingen regelmäßig in Anspruch genommen. Manchmal entsteht eine regelrechte Warteschlange. Zimtsternchen muss immer lachen, wenn sie die wartenden Vögel beobachtet. Auch die Kohl- und Blaumeisen baden, aber in einer anderen, etwas entfernt stehenden Schüssel, die Zimtsternchen nicht so richtig sehen kann.

Trudchen bewundert Papa. Plötzlich entschließt sie sich und will auch baden. Mit Schwung, ohne Papa zu fragen, springt sie in die Porzellanschüssel, rutscht am glatten Boden aus und schlittert hinein. Das Wasser steht ihr bis zum Hals. Sie erschrickt und schreit kläglich um Hilfe. Ihr vergeht der Spaß. „Was soll hier so schön sein?", denkt sie jämmerlich. Was soll sie jetzt nur tun? Hilft ihr denn niemand? Ängstlich schaut sie sich um. Papa ist ja da. Er packt sein Jüngstes im wahrsten Sinne des Wortes am Kragen und zerrt es aus der Schüssel.

Trudchen sitzt tropfnass und verdattert am Boden. Was hat sie falsch gemacht? Papa zetert und schimpft mit ihr. Aber nur aus lauter Fürsorge, er beruhigt sich bald und fliegt mir ihr davon. Trudchen ist froh, mit Papa den Ort des Schreckens und der Blamage zu verlassen.

Trudchens Wassersprung hat bei allen Heiterkeit ausgelöst und zwitschernd wird diese Geschichte in Windeseile weitererzählt, zum Spott und Ärger von Trudchen. Doch nach einer Weile kehrt wieder Ruhe ein und alles geht seinen gewohnten Gang und Trudchen ... Trudchen wird mit Papas Hilfe das nächste Mal auch Spaß am Baden haben!

Tartufos Ausflug

Es liegt Aufregung in der Luft. Große Mutter läuft geschäftig hin und her und Tartufo befürchtet schon, dass der Käfig wieder saubergemacht wird. Eine schlimme Vorstellung, denn das behagt ihm gar nicht. In dieser Zeit müssen sie wieder in den kleinen Käfig zurück und, was noch schlimmer ist, sie werden gejagt und eingefangen. Große Mutter ist dann unerbittlich. Sie schnappt und schubst sie in das ungemütliche Gefängnis und es sieht ganz so aus, als wenn diese Tortur heute bevorsteht.

Aber nein, Große Mutter lässt sie im Paradies und reinigt nur die beiden großen Schubladen. Aber sie ist heute so zerstreut und unruhig. Die Unruhe überträgt sich auch auf Tartufo, er fliegt sinnlos hin und her und weiß überhaupt nicht, warum.

Plötzlich ertönen laute Geräusche und Große Mutter verlässt hastig den Balkon. Aus Versehen lässt sie ein Käfigfenster offen stehen. Tartufo kann sich keinen Reim darauf machen. Ist es ein Hinweis, wegzufliegen? Er fühlt sich hier doch so wohl!

Er fliegt ein paar Mal hin und her und beobachtet das offene Fensterchen. Es ist zu verführerisch und husch!, flattert er hinaus und auf den Baum. Hier saß er doch schon einmal. Wie lange ist das schon her? Tartufo pfeift und ruft Zimtsternchen, ihm zu folgen. Aber sie ist so mit Fressen beschäftigt und kümmert sich gar nicht um ihn. Da kommt Große Mutter auf den Balkon gestürzt und sieht das Malheur. Sie schließt sofort das offene Türchen und sucht Tartufo. Er ist ja so klein in diesem großen Baum mit all den vielen anderen Vögeln.

Tartufo beschließt, auf das Hausdach zu fliegen und sich die Gegend von oben anzusehen. Er lässt sich auch darauf nieder und schaut sich nach allen Seiten um. Er ist unschlüssig. Was soll er jetzt tun? Soll er weiter fliegen - allein? Oder Zimtsternchen mitnehmen? Er kann sich nicht entscheiden und dreht vorsichtshalber ein paar Runden ums Haus. Währenddessen sitzt Zimtsternchen allein im Paradies und guckt dumm aus der Wäsche. Wo ist Tartufo? Sie kann ihn nicht finden und wendet sich wieder ihren Körnern zu.

Große Mutter ist verzweifelt und weiß nicht, was sie tun soll. Sie geht auf dem Balkon auf und ab und pfeift immer wieder die Erkennungsmelodie. Sie hat Angst um Tartufo. Wo ist er? Tartufo sitzt im Tannenbaum und beobachtet zwei Kohlmeisen. Ihm gefällt es. Auf einmal hört er das Pfeifen von Großer Mutter. Er fliegt ums Haus herum und lässt sich auf dem Rosablütenbaum gegenüber dem Käfig nieder. Er antwortet, auch auf Zimtsternchens Ruf, die ihn bittet, herüberzukommen.

Tartufo ist ratlos, was soll er tun? Er hüpft von Ast zu Ast und überlegt. Schließlich gibt er sich einen Ruck und fliegt zum Käfig und begrüßt Zimtsternchen durchs Gitter. Sie fliegt auf ihn zu und begrüßt ihn liebevoll von innen. Er bleibt sitzen und genießt es. Da kommt Große Mutter mit einem dünnen Lappen langsam auf den Käfig zu. Ihre Hände zittern, ihre Knie schlottern. Sie ist sehr aufgeregt und nervös. Hoffentlich schafft sie es durch einen Trick, Tartufo ins Zimmer zu locken. Tartufo sieht Große Mutter langsam näher kommen. Er bleibt auf dem Käfig sitzen. Sie steht vor ihm und pfeift die Erkennungsmelodie. Vielmehr sie will sie pfeifen, aber die Töne wirken seltsam. Tartufo dreht sich zu ihr um. Da zieht sie ihre Hände nach vorne und wedelt mit dem dünnen Lappen vor seinem Schnabel herum.

Er erschrickt und fliegt in die Höhe. Das Tuch versperrt ihm die Sicht und er flattert geradewegs ins Zimmer. Hastig schließt Große Mutter die Balkontür und lehnt sich erleichtert an die Wand. Das wäre geschafft. Gott sei Dank! Die Aufregung ist noch nicht vorüber. Große Mutter muss sich einen Moment setzen. Sie ist erschöpft, sie wirft einen Blick auf den Käfig und erschrickt bis ins Mark. Der Käfig ist leer. Sie hat nicht bemerkt, dass noch ein Käfigfensterchen offen stand. Jetzt ist vor Schreck Zimtsternchen entflogen, als sie mit dem Geschirrtuch vor dem Käfig herumwedelte.

Große Mutter ist den Tränen nahe. Sie ist verzweifelt und müde. Jetzt ist Tartufo wieder da und Zimtsternchen weg! Große Mutter lässt sich apathisch in einen Sessel fallen. Was soll sie jetzt tun? Sie kann sich kaum konzentrieren und muss erst einmal Tartufo einfangen und ihn in den Käfig setzen. Vielleicht gelingt es ihm durch seine Lockrufe, Zimtsternchen wieder herbeizuholen. Sie sieht sich um und sucht Tartufo. Er genießt seine Flüge durchs Haus und schwebt wie ein Adonis hin und her. Er flattert auf die Lampe, an den Vorhang, setzt sich auf einen Blumenstrauß, fliegt elegant zum nächsten Fenster und lässt sich partout nicht fangen.

Erst nach einer Stunde gelingt es ihr, Tartufo unversehrt in den Käfig zurückzubefördern. Große Mutter musste erst Hilfe holen und nur gemeinsam ist es möglich, den Ausreißer zu erwischen.

Tartufo sieht sich um und kann Zimtsternchen nirgends entdecken. Er fliegt ins Nest, aber da ist sie auch nicht. Er begreift es nicht und lässt sich erschöpft auf der nächstgelegenen Stange nieder. Kein Laut kommt von ihm. Er ist enttäuscht und plötzlich sehr müde. Er hat sich so darauf gefreut, ihr von seinem Ausflug zu berichten und jetzt ist sie gar nicht da.

Entmutigt und erschöpft schleicht Große Mutter ums Haus und pfeift, aber sie bekommt keine Antwort und kann Zimtsternchen nicht entdecken. Tartufo hört Große Mutter pfeifen, aber er schweigt. Warum hat ihn Zimtsternchen verlassen? Er ist doch zurückgekommen! Er versteht die Welt nicht mehr und nach zwei weiteren Stunden des Wartens glaubt er, dass Zimtsternchen ihn für immer verlassen hat, einfach so, ohne Abschied!

Traurig pfeift er und versucht, Kontakt mit ihr aufzunehmen, aber seine Stimme hat keinen Schwung und ist viel zu leise. Sie kann ihn nicht hören. Wer weiß, wo sie jetzt ist und ob sie noch lebt?

Große Mutter läuft noch immer ums Haus und pfeift und pfeift, so laut sie nur kann. Inzwischen sind schon fünf Stunden vergangen und Zimtsternchen ist nirgends zu sehen oder zu hören. Tartufo ist todunglücklich.

Er ist so traurig. Warum musste er auch fortfliegen! Hätte er es nicht getan, wäre seine Gespielin jetzt noch hier und seine Welt wäre in Ordnung. Ganz zerknirscht lässt er die Flügel hängen. Was kann er nur tun, um Zimtsternchen zurückzubringen?

Da, ein Schatten - was ist das? Erregt schaut Tartufo auf das Balkongeländer. Ja, wirklich, es ist Zimtsternchen!

Sie sitzt da und schaut zu ihm herüber. Tartufo nimmt seine ganze Kraft zusammen und schmettert sein schönstes Liebesslied. Sie reagiert sofort und kommt auf den Käfig zugeflogen. Sie lässt sich auf der Außenschale nieder und pickt an einer Erdnuss, die viel zu groß für sie ist. Tartufo stürzt von innen an den Käfigrand und schlägt heftig mit den Flügeln und schreit, nein, er fleht sie an, zu ihm zurückzukommen. Zimtsternchen versucht, die Erdnuss klein zu kriegen. Sie ist hungrig nach diesem langen Ausflug und genießt seine Fürsorge.

Er ist ihr nicht böse. Erleichtert nähert sie sich ihm und berührt liebevoll seinen Schnabel durchs Gitter. Erleichtert stößt er einen schrillen glückseligen Laut aus und bittet sie erneut, zu ihm zurückzukommen.

Große Mutter hat Zimtsternchen auch bemerkt und versucht denselben Trick wie vorher bei Tartufo. Sie kommt langsam auf den Käfig zu, wedelt mit dem Tuch, aber oh weh, Zimtsternchen fliegt davon. Tief enttäuscht bleibt Große Mutter stehen und hofft inständig, dass sie zurückkommt. Es wird langsam dunkel und Große Mutter betrachtete sorgenvoll den Himmel. Sie seufzt. Was für ein Unglück, wenn es ihr nicht bald gelingt, Zimtsternchen einzufangen, muss sie bis morgen warten. Ob Zimtsternchen die Nacht im Freien überleben würde? Aber es dauerte nicht mehr lange und Zimtsternchen ist wieder da. Sie setzt sich oben auf den Käfig und schaut zu Tartufo hinab. Er fliegt nach oben und setzt sich auf die Schaukel, um seiner Liebsten näher zu sein. Er vergisst sogar, dass die Schaukel ihm so verhasst ist und wippt heftig hin und her. Diesen Moment nutzt Große Mutter und es gelingt ihr endlich, Zimtsternchen ins Zimmer zu schubsen.

Zimtsternchen ist so müde, dass Große Mutter sie ohne viel Aufwand vorsichtig ergreifen und unverletzt in den Käfig setzen kann. Jetzt sind die beiden wieder vereint. Endlich kehrt Ruhe ein. Tartufo und Zimtsternchen hopsen sofort in ihr Nestchen und schließen erschöpft, aber zufrieden ihre Äuglein. Was für ein Tag! Schon fast im Schlaf murmelt Zimtsternchen ihrem Tartufo ins Ohr, dass sie froh ist, wieder bei ihm zu sein und verspricht, morgen über ihren großen Ausflug zu berichten.

Auch Große Mutter ist erschöpft und lässt sich in den nächsten Sessel fallen. Gott sei Dank ist diese Geschichte gut ausgegangen.

Tartufo weint

Seit geraumer Zeit bemerkt Tartufo, dass ein Amselweibchen ein Nest zusammenträgt. Ganz allein, ohne Hilfe ihres Partners. Hat er sie verlassen oder ist er verunglückt? Tartufo sieht sie immer nur allein Halme und Gräser heranschleppen. Es ist mühsam und Tartufo bedauert sie, aber er kann nichts für sie tun. Sie baut sich ihr Nest direkt ihm gegenüber. Ziemlich grob und etwas schlampig, wie er findet. Aber wenn er bedenkt, dass sie alles allein bewerkstelligt, ist es gut gelungen.

Ob es auch dem Regen standhält? Er bezweifelt es und hofft inständig, dass es in den nächsten Tagen nicht regnet. Er teilt Zimtsternchen seine Befürchtungen mit und auch sie schüttelt skeptisch ihren Kopf.

Die Tage vergehen und sie beobachten, dass die Amselin oft im Nest hockt, sie hat also schon Eier gelegt und brütet. Große Mutter ist sie auch aufgefallen und sie streut vermehrt Futter in der Nähe ihres Nestes aus, damit sie sich nicht so weit vom Nest entfernen muss, um Nahrung zu finden.

Eines Tages peitscht ein Sturm ums Haus und Minuten später gießt es in Strömen. Tartufo bangt um das Nest, aber es hält dem Unwetter stand. Er und Zimtsternchen atmen erleichtert auf, die Amselin ist zwar nass geworden, aber im Inneren des Nestes ist es warm und trocken, da sie mit ihrem Körper die Eier und das Nestinnere beschützt hat.

In der folgenden Nacht wacht Tartufo von einem fürchterlichen Schreckensschrei auf. Noch einige folgen. Dann ist wieder Stille. Er versucht, sich zu orientieren, kann aber nichts erkennen. Es ist noch zu dunkel. Als es hell wird, sieht er die Bescherung: Das Nest hängt halb herunter und von der Bewohnerin ist weit und breit nichts zu sehen. Er weckt Zimtsternchen und deutet auf das Nest. Sie hat den Schrei auch wahrgenommen, ist aber gleich wieder eingeschlafen.

Große Mutter kommt auch auf den Balkon, sieht bestürzt zum Baum hinüber und läuft eilig in den Garten. Nach einer Weile kommt sie zurück, lehnt sich an das Geländer und versucht, an das Nest zu kommen. Erst nach vielen Mühen und Verrenkungen gelingt es ihr, das Nest zu ergreifen und herüberzuziehen. Innen sind noch vier heile türkisfarbene Eier. Das fünfte ist aufgebrochen und ausgelaufen. Außerdem findet sie noch viele weiche Flaumfedern.

Große Mutter nimmt die Eier heraus und platziert sie in eine alte Plastikbadeschale, eingepackt in einen weichen Frotteewaschlappen, unter ihren großen amerikanischen Kühlschrank. Da ist es konstant warm und die Eier sind auch griffbereit, da die vordere untere Leiste fehlt, die wahrscheinlich auf dem Transport verloren ging oder nie mitgeliefert wurde.

Nach einer Woche holt Große Mutter die Eier aus dem Schlupfwinkel hervor und bringt sie weg. Tartufo weiß nur, dass sie in einen Brutkasten kommen und Große Mutter mit der Vogelwarte telefoniert hat. Als er damals hier landete, hat sie auch angerufen und um Rat gefragt.

Die Amselnestlinge haben es geschafft! Große Mutter hat die freudige Botschaft vor ein paar Tagen erhalten und ist zufrieden. Leider ist die nächtliche Begegnung der brütenden Amselin mit einer Katze tödlich verlaufen. Sie muss vehement gekämpft haben, denn sie hat das Nest nicht verlassen, um ihre Brut zu beschützen. Damit war sie eine leichte Beute für eine streunende und hungrige Katze. Große Mutter hat nur die Flaumfedern im Nest gefunden; die Katze hat den erbeuteten Vogel mitgenommen.

Tartufo weint, als er die Wahrheit erfährt und Zimtsternchen tröstet ihn. Ihr Leben hat sie nicht umsonst geopfert, ihr Nachwuchs lebt und wird erst in die Freiheit entlassen, wenn die kleinen Amseln für sich selbst sorgen können. Tartufo ist trotzdem sehr betroffen, denn er ist das erste Mal mit dem Tod in Berührung gekommen.

Große Mutter hat das Nest wieder geflickt und an eine geschütztere Stelle in den Baum gesetzt. Tartufo glaubt, dass kein anderer Vogel dieses Nest benutzen wird, aber Große Mutter weiß das nicht. Es macht ihn ganz stolz, dass er etwas besser weiß.

Seine Traurigkeit ist verflogen und er nimmt wieder regen Anteil am Geschehen des Tages. Zimtsternchen wippt vergnügt auf der Schaukel hin und her und freut sich, Tartufo abzulenken und aufzuheitern. Vor überschäumender Freude schaukelt sie so wild, dass sie kopfüber nach unten stürzt, sich gerade noch fangen kann und mit Schwung am Boden landet. Tartufo hält es für einen akrobatischen Akt und nickt ihr anerkennend und stolz zu. So etwas würde er sich nie trauen. Er meidet die Schaukel wie die Pest und kann überhaupt nicht nachvollziehen, was Zimtsternchen daran findet, so heftig hin und her zu schwingen. Na egal, wenn es ihr solch einen Spaß macht und solange sie diese Kunststückchen nicht von ihm verlangt, soll es ihm recht sein.

Zufrieden hüpft er an eine Futterstelle, die mit Wildsämereien gefüllt ist und lässt sie sich munden.

Die Taube und die Elster

Tartufo und Zimtsternchen haben sich gerade ihr Frühstück schmecken lassen, als plötzlich eine junge Taube auf dem Balkon erscheint. Sie sieht so klein und zerfleddert aus und wirkt halb verhungert. Zimtsternchen schubst Tartufo und zeigt auf die Taube. Aber Tartufo hat sie längst bemerkt. Sie frisst so gierig die Körner, die am Boden liegen, dass Tartufo Mühe hat, ihr mit den Augen zu folgen. Die anderen Vögel beachten die Taube kaum und lassen sie gewähren.

Auf einmal ist ein heftiger Flügelschlag zu vernehmen. Die anderen gefiederten Freunde unterbrechen ihr Fressen und blicken erschreckt empor. Eine Elster lässt sich nieder und husch!, suchen sie alle das Weite, denn sie haben großen Respekt vor ihr.

Wenn Elstern Hunger haben oder ihre Brut versorgen müssen, sind auch Kleinvögel nicht vor ihnen sicher, geschweige denn ihre Nestlinge oder Eier. Also verkrümeln sie sich lieber und bringen sich in Sicherheit, wenn eine Elster im Anflug ist.

Es ist ungewöhnlich, dass sich eine Elster so nah an menschliche Behausungen wagt. Sie sind zwar Räuber, fast nur frühmorgens anzutreffen und stets auf der Hut und wenn sich ein menschliches Wesen zeigt, fliegen sie auf und davon. Zu Brutzeiten hat sich Große Mutter angewöhnt, auch hartgekochtes Eigelb, Käse und rohe Fleischreste, manchmal ein rohes Rinderherz kleingeschnitten, eingeweichtes Weißbrot mit Büchsenmilch und Traubenzucker vermengt, zusätzlich für die Raubvögel, anzubieten. Sie hat dadurch sicher so manchem Vogel das Leben gerettet.

Diese Elster lässt sich auf dem Balkon nieder und oh Graus, die kleine Türkentaube ist nicht weggeflogen! Sie frisst gierig weiter. Die Elster nähert sich und die Vögel auf dem Baum und den Büschen ringsherum halten den Atem an. Gleich wird die Elster die Taube attackieren. Aber nein, ganz im Gegenteil. Als die Taube bemerkt, dass sie Gesellschaft bekommt und diese sich den Körnern nähern will, geht sie angriffslustig auf sie los und oh Wunder, die Elster weicht aus. Sie hüpft einige Meter weiter und glaubt nicht, was sich hier abspielt. Sie versucht erneut einen Anflug, aber die Taube kommt wieder bedrohlich nahe an sie heran. Verblüfft sucht die Elster das Weite. Sie lässt sich tatsächlich von der kleinen Taube in die Flucht schlagen!

Sie begreift es nicht und bleibt sicherheitshalber noch eine Weile fern und beobachtet das Ganze.

Die rundherum sitzenden Vögel trauen ihren Augen kaum. Sie kommen zurück auf den Balkon, hofieren die Taube und beglückwünschen sie zu ihrem Mut. Sie lässt sich hochleben und erklärt den erstaunten Zuhörern, dass es einfach ist, sein Revier zu verteidigen, man muss nur einfach ohne Furcht auf die Größeren zugehen, denn sie bekommen dann Zweifel und Angst und verlieren ihre Stärke, ihren Mut und geben schließlich auf. Tartufo kratzt sich am Schnabel und überlegt. Hat die Taube Recht? Ist es so einfach? Er beschließt, das gelegentlich einmal auszuprobieren. Auf jeden Fall sind sie heute vor der Elster sicher und alle können in Ruhe ihren Appetit und ihren Durst stillen.

Noch lange wird gewispert und getuschelt und alle freuen sich für die Taube, die heute so viel Mut bewiesen hat. Schließlich wird es dunkel und es wird ruhig auf dem Balkon. Alle Vögel haben sich auf ihrem Schlafplatz zurückgezogen und auch Tartufo und Zimtsternchen freuen sich auf ihren wohlverdienten Feierabend.

Methusalem

Zimtsternchen neckt Tartufo jedes Mal, wenn Methusalem, das Veteranenamselmännchen, auf dem Balkon erscheint. Er ist sehr angriffslustig und jagt alle anderen Artgenossen, ob Männchen oder Weibchen, in die Flucht. Es ist sein Revier und keine andere Amsel hat hier etwas zu suchen. Tartufo hat ihn schon verschiedene Male beobachtet, wie er wie ein Zerberus seinen Bezirk bewacht. Er ist nun mal die Revieramsel, noch. Er wirkt wie ein Kriegsveteran, sein Kopf ist fast kahl, Souvenirs aus vergangenen Kämpfen. Tartufo hat auch noch nie ein Weibchen in seiner Nähe gesehen. Er ist ein einsamer Kämpfer und Streiter. All die anderen Amselmännchen und -weibchen respektieren ihn und suchen erschreckt das Weite, wenn er auf der Bildfläche erscheint.

Methusalem hat schon viele Stürme erlebt, denn sein Federkleid sieht richtig ramponiert aus und könnte ausgebessert werden. „Waschen könnte er sich auch einmal", denkt Tartufo und lächelt in sich hinein. Vielleicht ist er auch so wasserscheu, wie er es einmal war? Nachdenklich betrachtet er Methusalem, als er wieder einmal den Balkon nach Körnern absucht. Seine Artgenossen verlassen laut schimpfend das Terrain, aber Methusalem gibt sich heute damit nicht zufrieden und verfolgt sie rund um das Haus. Er liefert ihnen wahre Schlachten und jagt sie schließlich in die Flucht.

Alle anderen Vogelarten lässt er in Ruhe. Trotz seines zerfledderten Federkleides wirkt er hoheitsvoll, majestätisch und kräftig. Beim näheren Hinschauen bemerkt Tartufo, dass sein Schnabel ungemein kurz ist und er überlegt, wie das wohl passiert sein könnte, denn Methusalem kann seinen Schnabel nicht mehr ganz schließen, er ist verkrüppelt und stumpf. Etwas Eisernes ist ihm einmal darübergefahren, als er noch jung und unerfahren war und in eine der täglich lauernden Gefahren tappte. Aber das ist schon lange her und er will nicht mehr daran denken.

Nur ist das leichter gesagt als getan, denn immer, wenn er trinkt oder etwas aufpicken will, wird er daran erinnert und auch beim Fliegen ist es unangenehm, wenn die Witterung kalt ist oder er mal schnell verschwinden muss. Sein Schnabel wurde so zerquetscht, und er ist nicht nur halbiert, sondern lässt sich auch nicht mehr ganz schließen.

Er ist ein Veteran und hat es aufgegeben, sich noch ein Weibchen zu suchen. Wer will schon einen Krüppel? Deshalb lebt er einsam und hat sich damit abgefunden. Nein, viel wichtiger ist es ihm, das Revier von Amselkolonien freizuhalten. Es genügt, wenn er hier lebt und das Sagen hat. Diese Machtstellung hat er sich blutig erkauft. Ab und zu lässt er jedoch seine Verwandten in Ruhe, aber sie dürfen nicht zu frech werden. Er will noch lange das Zepter schwingen und es nicht an einen Jüngeren verlieren.

Bis vor kurzem war es recht still in dieser Kolonie, aber seit einigen Monaten gibt es hier mehr als zwei Dutzend Amseln. Keine Frage, Futter ist ja genügend da, aber er hat die Ruhe so sehr genossen. Heute hat er schon mehrere fette und lange Regenwürmer aus der Wiese gezogen und genüsslich verspeist. Einen Nachtisch aus Weintrauben, den Große Mutter spendiert und vorher halbiert hat, gönnt er sich auch noch.

Er stolziert auf dem langen Balkon entlang, vorbei an den beiden Zebrafinken, die ihn argwöhnisch beobachten, so als wollten sie sagen: „Pass auf, lieber Freund, das Revier gehört dir nicht allein. Wir sind auch noch da!"

Methusalem beachtet sie gar nicht und setzt seinen Spaziergang fort und ehe er sich versieht, ist er in einem Raum und marschiert weiter, trippelt futtersuchend nach rechts und ist in der Küche.

Große Mutter hat es sich heute Morgen gemütlich gemacht. Ihre beiden Vierfüßler liegen auch bequem ausgestreckt am Boden und dösen. Große Mutter sieht Methusalem zuerst und hält den Atem an. Was hat der Veteran hier verloren? Dass er zahmer und zutraulicher geworden ist, hat sie längst bemerkt.

Er singt jeden Abend vor der Haustür auf dem hohen Pfeiler herrliche Lieder und bleibt ruhig sitzen, wenn Große Mutter vorbeigeht. Sie blickt auf ihre beiden schlafenden Hunde. Tatjana sieht nichts, sie ist im Reich der Träume und ihre Vorderpfoten zucken ständig, sie läuft sicher einem Hasen nach. Aber Timmy ist wach und hat Methusalem schon bemerkt. Große Mutter kann ihn gerade noch am Genick packen und nach unten transportieren. Sie übergibt ihn ihrem Vati und bittet ihn, Timmy eine Weile zu beschäftigen und ihn nicht aus den Augen zu lassen.

Dann flitzt sie wieder nach oben und hört aus der Küche seltsame Geräusche. Sie ahnt nichts Gutes und als sie hastig die Schiebetür öffnet, kommt ihr Timmy bereits entgegen. Er ist ihrem Vater ausgebüchst, die Treppe raufgerannt, über den Balkon geflitzt und war noch vor ihr in der Küche.

Was für ein Schauspiel! Timmy hat Methusalem in der Schnauze. Große Mutter erschrickt, rennt auf Timmy zu und entreißt ihm Methusalem. Verdutzt lässt Timmy den Vogel los. Große Mutter hält ihn in ihrer Hand. Er rührt sich nicht. Ist er tot? Oder im Schockzustand? Der Veteran liegt leblos in ihren Händen.

Große Mutter ist ratlos. Was soll sie tun? Auf einmal krallen sich seine Zehen um ihren Zeigefinger. Sie weiß nicht, was das bedeutet und beschimpft Timmy. Der lässt seinen Kopf hängen und zieht schuldbewusst von dannen. Auf einmal fällt Große Mutter der Vogelbauer ein, den sie zuerst für Tartufo besorgt hat. Sie löst vorsichtig Methusalems Krallen von ihrem Zeigefinger und legt ihn in den Käfig hinein. Sie nimmt ihn, setzt ihn im Bad ab und schließt die Tür. Dann lässt sie sich im Wohnzimmer in den nächsten Sessel fallen und überlegt.

Tartufo hat nicht mitbekommen, dass der Veteran gefangen wurde. Er hat nur gesehen, dass Große Mutter ihn in der Hand hatte und mit ihm davongeeilt ist. Jetzt teilt er Zimtsternchen bestürzt mit, dass sie einen neuen Käfiggenossen bekommen: Methusalem! Das gefällt ihnen überhaupt nicht und sie hoffen, dass dieser Kelch an ihnen vorübergeht. Zimtsternchen meint, jetzt könne Tartufo ja seinen Mut beweisen und spielt auf die Geschichte von der Elster und Taube an. Aber wohl ist ihr nicht dabei.

Übrigens kommt die kleine Türkentaube nach wie vor und hat inzwischen noch ein paar Familienmitglieder mitgebracht.

Methusalem hat sich inzwischen von seinem Schreck und Schock erholt. Neugierig schaut er sich um. Wo ist er und was ist passiert? Es riecht so eigenartig und außerdem ist er in einem goldfarbenen Gestell gefangen. Er stellt sich auf und bemerkt, dass er vier Schwanzfedern eingebüßt hat. Das ist nicht so schlimm! Er war schon in ganz andere Kämpfe verwickelt, in denen er nicht nur alle Schwanzfedern verloren und dadurch Manövrierungsschwierigkeiten hatte. Es dauerte eine ganze Weile, bis sie wieder nachgewachsen waren.

Er blickt sich um, besieht sich den Käfig von allen Seiten und weiß, dass er hier nicht so ohne Weiteres und ohne Hilfe herauskommt. Was kann er tun, um sein Leben zu retten? Er seufzt. Das wird ein schwieriges Unterfangen! Auf einmal spürt er wieder den Schmerz auf dem Rücken und erinnert sich an letzte Nacht, an den Kampf mit der Katze. Er konnte ihr gerade noch entkommen. Aber sie hatte ihn doch mit ihren Krallen erwischt und am Rücken verletzt. Er ist sicher, dass die Wunde tief ist, denn es brennt höllisch.

Wie ist er eigentlich in diesen Käfig gekommen? Er versucht, sich abzulenken und zu erinnern. Und es fällt ihm wieder ein! Er ist in dieses Haus stolziert, als er auf Nahrungssuche war. Auf einmal kam dieser große braunweißgefleckte Hund drohend auf ihn zu und versuchte, ihn zu schnappen. Methusalem wollte ausweichen, aber er kam nicht hoch und ehe er sich versah, war er in der Schnauze eingeklemmt. Es fühlte sich feucht und warm an und er stellte sich sofort tot.

Vielleicht war das seine Rettung! Ein paar Sekunden später wird er wieder aus der dunklen Höhle befreit. Schlanke Finger umschließen ihn. Er glaubt, in Ohnmacht zu fallen und stellt sich wieder tot. Vorsorglich krallt er sich aber an den Gliedern der Hand fest. Dann fällt er wirklich in Ohnmacht und erwacht später in diesem Gestell. Beunruhigt überdenkt er seine Situation. Was für eine Chance hat er, hier herauszukommen? Und vor allem, wer würde ihm helfen? Er hat überhaupt keine Freunde!

Da, es nähern sich Schritte. Stumm harrt er der Dinge, die auf ihn zukommen!

Große Mutter macht sich Sorgen um Methusalem. Ob er noch lebt, ob er verletzt ist?

Sie öffnet die Tür und hofft auf ein Wunder. Wie groß ist ihre Freude, als sie ihn aufrecht im Käfig stehen sieht und er sie mit seinen wachen Äuglein argwöhnisch beobachtet. Langsam geht sie auf den Käfig zu und betrachtet ihn aus der Nähe. Er sieht wirklich erbärmlich aus. So zerzaust und mitgenommen! „Er müsste hergerichtet werden", denkt sie und sieht auf einmal die rote Stelle auf seinem Rücken und erschrickt. War das Timmy? Nein, das ist keine frische Wunde, sie stammt von einem anderen Kampf. Dennoch möchte sie die Wunde säubern und medizinisch versorgen.

Sie hatte ihm ein paar Mehlwürmer und Wasser in den Käfig gestellt und siehe da, die Maden waren weg und vom Wasser hatte er auch gekostet.

Sie holt Mutti zu Hilfe und gemeinsam verarzten sie Methusalem. Sie desinfiziert erst einmal die Wunde und stäubt Leukasepuder darüber. Dann nimmt sie ihn behutsam in ihre rechte Hand und streichelt ihm mit der linken Hand liebevoll über sein kahles Köpfchen. Methusalem rührt sich nicht, er lässt sich alles gefallen. Was kann er auch sonst tun? Große Mutter streichelt ihn weiter. Da öffnet er seinen verkrüppelten Schnabel und versucht, ihren Finger zu umspannen. Große Mutter schaut mitleidig auf die Reste seines armseligen Schnabels. Aber helfen kann sie da nicht.

Sie öffnet das Badezimmerfenster und setzt ihn auf die Fensterbank. Dann tritt sie einige Schritte zurück und beobachtet ihn.

Methusalem verharrt unschlüssig einige Augenblicke. Dann begreift er seine Chance, fliegt laut schimpfend zum Fenster hinaus und sofort unter einen Busch. Dort lässt er sich nieder und verschnauft erst einmal. Das Brennen hat aufgehört und er fühlt sich großartig. Es ist ihm keine Feder gekrümmt worden und die verlorenen Schwanzfedern, die ihm in Panik ausgefallen sind, hat er schon vergessen.

Trotzdem beschließt er, in Zukunft den Balkon zu meiden und sein Futter - wie gehabt - rund um den Balkon zu suchen. Große Mutter streut eine extra Portion Haferflocken unter seinen Lieblingsbusch an der Haustür. Methusalem singt abends immer so schön und laut. Heute Abend wird er auch sein Lied schmettern, besonders viele Strophen, aber bis dahin wird noch viel Zeit vergehen!

Tartufo und Zimtsternchen warten mit Bangen auf Zuwachs im Käfig. Sie können sich nicht mit dem Gedanken anfreunden, Methusalem in ihrer Mitte zu haben und so warten sie mit Angst und Schrecken darauf, dass Große Mutter ihnen den Veteran bringt. Da, sie hören Schritte. Es ist soweit! Tartufo hält den Atem an. Große Mutter erscheint mit dem alten Käfig und säubert ihn. Nirgends ist Methusalem zu sehen.

Als noch zwei weitere Stunden verstreichen und Große Mutter ihnen frisches Wasser in den Käfig stellt, wissen sie, dass der Kelch an ihnen vorübergegangen ist. Aber so richtig sicher sind sie erst, als sie Methusalem gegenüber im Baum sitzen sehen.

Zimtsternchen schwingt sich vor Erleichterung auf die Schaukel und schaukelt, bis ihr die Puste ausgeht und sie eine Pause einlegen muss. Tartufo trällert seine Arien und plustert sich hoheitsvoll auf. Kurz darauf hält er ein Nickerchen und weiß, dass sie in Sicherheit sind und ihnen nichts passieren kann. Lächelnd blickt Zimtsternchen auf ihn herab und schließt ebenfalls ihre Augen. Ein neues Abenteuer hat ein gutes Ende gefunden.

Sissy

Bevor Tartufo ins Haus kam, sorgte sich Große Mutter um den Nachwuchs einer Kohlmeisenfamilie. Sie hatten direkt unter ihrem Küchenfenster genistet und Große Mutter beobachtete das flinke Pärchen, wie es unentwegt Material heranschleppte, um ein Nest einzurichten. Da beschloss sie, ihnen ein wenig zu helfen und kämmte Timmy, ihrem Hund, einige Büschel Haare aus, knäuelte sie zusammen und drapierte sie in einem Hagebuttenstrauch.

Es dauerte nicht lange und der Kohlmeisenmann bemerkte das ungewöhnliche Nistmaterial. Er flog direkt darauf zu und biss sich am Knäuel fest. Er konnte sein Glück kaum fassen! Was für eine Goldgrube! Er erfasste mit seinem Schnabel einen großen Packen Haare und drehte vor Freude einen Looping, bevor er damit ins Nest flog. Große Mutter sah beglückt, dass sie Erfolg gehabt hatte und wiederholte den Vorgang noch einige Male. Dann war es soweit. Wenn Große Mutter unter dem Nest vorbeiging, konnte sie die Kleinen fiepen hören. Den unterschiedlichen Tönen nach mussten es mindestens vier sein. Die Eltern waren unermüdlich auf Nahrungssuche und die Nestlinge schrieen unentwegt nach Futter. Aber es war zu feucht, es gab weit und breit keine Fliegen. Da legte sie in Öl getränkte Haferflocken auf die Fensterbank und hoffte, die Eltern würden es finden und wirklich, innerhalb kürzester Zeit hatten sie die neue Futterstelle ausfindig gemacht und flogen unermüdlich rauf und runter, um die Nahrung ihren Kleinen in den Schnabel zu stopfen.

Große Mutter quetschte gekochte Kartoffeln aus und vermischte sie mit Traubenzucker und Sonnenblumenöl. Es war eine Augenweide, zu beobachten, wie die Kohlmeisen mit ihren kleinen Schnäbeln den Brei aufspießten und damit ins Nest flogen. Ja, nicht nur dieses Paar, sondern auch ein zweites und drittes hatte die Goldquelle entdeckt und alle holten sich diese Leckerbissen. Außerdem kamen noch weitere drei Blaumeisen.

Eine hatte alle ihre Schwanzfedern verloren und sah zerfleddert und zerrupft aus. Aber sie zeigte eine unglaubliche Energie und Ausdauer und war sehr zutraulich.

Wenn die Eltern ihre Kleinen hudern, kommt es vor, dass sie dabei Flaumfedern verlieren, ja oft rupfen sie sich diese aus, um das Nest weich auszupolstern.

Wenn Große Mutter morgens aufstand, die Vorhänge wegzog, die Scheibe öffnete und das Futter hinausstreute, war die kleine Blaumeise bereits da und kam auf den Fenstersims. Ja, eines Morgens hielt Große Mutter ihr einige Erdnüsse auf ihrer ausgestreckten Hand hin, die Blaumeise setzte sich darauf und pickte sich ganz in Ruhe eine Nuss. Dann flog sie mit der Beute auf den gegenüberliegenden Tannenbaum, nahm die Nuss zwischen ihre beiden Füßchen, hackte kleine Bröckchen mit dem Schnabel ab und verzehrte sie mit großem Appetit.

Für Große Mutter war es wunderschön, diese Vertrautheit so nahe zu erleben und zu spüren, wie zärtlich und vorsichtig die Meise sich auf ihre Hand setzte. So ein federleichtes Gewicht! Große Mutter spürte sie kaum. Zufrieden lächelnd legte sie die restlichen Erdnüsse auf die Fensterbank und schloss das Fenster.

Große Mutter ermittelte den Zeitpunkt, wann die Nestlinge das Nest verlassen und flügge würden. Heute war es soweit. Sie rechnete stündlich damit und wirklich, an diesem Freitagmorgen platzierte sich das erste Junge vor dem Nest auf die Sitzstange und husch, flog es in den nächsten Baum.

In Abständen von je einer Stunde folgten die nächsten und schließlich gegen Mittag, kam das fünfte und letzte aus dem Nest. Es verließ es und flog geradewegs in Große Mutters Küche. Große Mutter blickte auf ein putziges samtenes rundes Wollknäuel. Ein Mädchen! Sie taufte es spontan Sissy. Es war so hübsch anzusehen!

Sissy setzte sich auf die Fensterbank und blickte umher, hopste schließlich auf einen Blumentopf und saß auf den Blüten eines

Usambaraveilchens. Sie war weder ängstlich noch scheu. Sie hatte ja auch noch keine negativen Erfahrungen gemacht.

Große Mutter verschloss die Küchentür, damit die Hunde Sissy nicht aufstöbern konnten. Dann näherte sie sich dem Nestling, der gerade seit ein paar Minuten auf Erkundungsflug war. Sissy saß ruhig auf der Pflanze und rührte sich nicht. Große Mutter schob langsam ihre Hand vor und packte sie mit beiden Händen. Sie war unglaublich mager, nur Federn und Knorpel.

Sissy ließ sich hochheben und blickte Große Mutter von unten herauf an. Ihr kleines Herzchen schlug so schnell und so hart, dass Große Mutter schon befürchtete, sie würde einen Herzschlag erleiden. Sie hielt Sissy ruhig in der Hand, sprach leise und beruhigend auf sie ein und streichelte sie. Behutsam und vorsichtig strich sie ihr über ihr winziges Köpfchen. Nach mehreren Minuten kippte sie das Küchenfenster so weit, dass Sissy wegfliegen konnte. Sie setzte sie wieder auf das Fensterbrett und ging langsam zurück. Sissy blieb sitzen, doch dann erblickte sie das offene Fenster und flog hinaus.

Große Mutter erinnert sich gern an dieses Erlebnis, denn seit dieser Zeit kommt Sissy sehr oft zu Besuch auf die Fensterbank und holt sich Nüsse oder Mehlwürmer. Sie riskiert immer einen Blick ins Innere und ist mit den Gegebenheiten so vertraut, dass sie weder vor Großer Mutter noch ihren Hunden Angst hat.

Sobald sie Große Mutter erkennt, fliegt sie auf ihre Hand oder ihren Kopf und erwartet einen Leckerbissen.

Ihr Vater ist übrigens genauso zutraulich und kommt auf einen Sprung vorbei, wenn Große Mutter Mehlwürmer anzubieten hat.

Tartufo kennt die Vorgeschichte von Sissy nicht, aber er weiß, dass sie zu den Dauerbesuchern zählt, sehr zahm ist und gerne mit ihnen ein Schwätzchen hält.

Tartufo wettet

Tartufo hängt kopfunter an der Kolbenhirse und betrachtet seine Wohnung im wahrsten Sinne aus der Vogelperspektive. Was hat er in dieser kurzen Zeit schon alles erlebt! Er atmet tief durch und lässt alles Revue passieren. Er verändert seine Position und sieht gedankenverloren auf den Balkon. Hier ist immer emsiges Treiben.

Er beobachtet seine gefiederten Freunde und weiß genau, wer von ihnen was am liebsten frisst. Er überlegt einen Augenblick und schaut zu Zimtsternchen hinüber. Er hat eine Idee, er wettet mit ihr um die nächste Portion Mehlwürmer, dass er haargenau das Lieblingsfutter all dieser auf den Balkon kommenden Vögel voraussagen kann. Zimtsternchen schaut ihn verblüfft an. „Was soll das?", denkt sie. „Hauptsache, wir bekommen, was wir mögen."

Die freilebenden Vögel sind ihr nicht so wichtig, und was sie fressen, interessiert sie nur sekundär. Gelangweilt schlägt sie ein, denn sie weiß genau, dass sie trotzdem ihre Portion Mehlwürmer schon irgendwie bekommen wird. Also kann sie im Grunde genommen auch nicht verlieren!

Tartufo findet seine Idee wundervoll und er hüpft vor Aufregung von einer Stange auf die nächste. „Also, ich fange an!" Er flattert ganz aufgeregt mit den Flügeln, hüpft neben sie und beginnt: „Zuerst unsere liebsten Freunde, Sissy und Adam, die Kohlmeisen. Bei ihnen ist es einfach. Sie fressen am liebsten Erdnüsse, auch andere Nussarten und natürlich Raupen, Maden, Insekten und Mehlwürmer, auch Haferflockenkeime." Zimtsternchen nickt, so sieht sie das auch.

Dieser Punkt geht voll an Tartufo. „Jetzt zu Trudchen, die Amseln mögen schon eine breitere Palette. Vor allem dicke fette Regenwürmer, aber die hat Große Mutter noch nie angeschleppt." Dafür konnten sie es jedoch live miterleben, wenn Trudchen oder auch andere ihrer Artgenossen die Regenwürmer aus dem Boden zogen und verspeisten. „Amseln sind auch

Liebhaber für alles Grünzeug, halbierte Weintrauben, Rosinen, Haferflocken, Kartoffeln, Nudeln, Reis, Erdnüsse und Äpfel. Ja, manchmal holen sie sich auch kleine Fleischbröckchen, Quark und Käse. Natürlich alle roten Beeren, auch Brombeeren, ja sogar Bananen, Fliegen, Insekten, Ameisen, jegliche Art von kleinen Kriechtieren und natürlich Mehlwürmer."

Dabei fällt Zimtsternchen ein, dass sie auch kein Kostverächter ist und schon ab und zu mal ein paar Bröckchen Banane mit Quark vermischt probiert hat. Manchmal war es ihr jedoch etwas zu süß und sie brauchte viel Wasser, um den Geschmack zu tilgen.

Tartufo ist inzwischen bei den Hänflingen oder Grünfinken angelangt: „Ihr Lieblingsfressen sind die Sonnenblumenkerne, davon können sie überhaupt nicht genug bekommen. Erst dann vertilgen sie Erdnüsse und die obligatorischen Arten von Insekten und Grünzeug und Beeren."

Große Mutter hat vor einigen Tagen zwei Futtersilos über ihrem Käfig an der Wäscheleine aufgehängt, die sie jeden Tag mit Sonnenblumenkernen auffüllt. Unten am Futterkasten ist eine Holzleiste angebracht, damit sich zwei Vögel zur selben Zeit Futter herauspicken können. Es ist unglaublich, was sich da für ein Schauspiel bietet.

Mit der Zeit hat Tartufo die vier stärksten und frechsten Grünfinken kennen gelernt. Alle sind Männchen, die durch ihr wunderschönes olivfarbenes Federkleid glänzen. Zur Verteidigung ducken sie sich, fauchen ihren Gegner an und spreizen dabei ihre Flügel, um ihre gelben Federn zu zeigen, die Gefahr signalisieren.

Grünfinken sind Schwarmvögel. Große Mutter hat deshalb auch genügend Sonnenblumenkerne auf der Erde verstreut, um größere Rangeleien zu vermeiden. Auch die jungen Hänflinge sehen ihren Eltern sehr ähnlich und haben bereits ihre gelben Federn. Die Weibchen dagegen wirken grauer, nur schwach ist die olive Farbe zu sehen. Anfangs hatte Tartufo Schwierigkeiten, sie von den Haus- und Feldspatzen zu unterscheiden.

Aber mit der Zeit bemerkte er die grüne Farbe, ihre schwarzen Federstriche und Punkte auf dem Rücken, das war leicht zu erkennen, wenn sie sich vor ihm auf dem Boden bewegten und Futter pickten.

Zimtsternchen stimmt ihm zu. Es ist wirklich ulkig, wenn nur noch Spelzen auf dem Boden liegen und sie irritiert zwischen den Spatzen herumhüpfen und nach Kernen suchen.

Ein Rauschen ertönt und ein Eichelhäher hat sich auf dem Baum gegenüber niedergelassen. Brrrrr, was für ein Riesenvogel! Zimtsternchen ist immer ängstlich, wenn sich große Vögel dem Balkon nähern. Der Eichelhäher sitzt unbeweglich im Baum und sondiert die Lage. Wo ist der Andere? Normalerweise kommen sie zu zweit, aber ihn hat sie schon seit Tagen nicht gesehen. Der eine hat am Kopf weiße Strichpunkte und der andere sieht düsterer und drohender aus. Sein Kopf ist mit vielen schwarzen Punkten versehen, die ihm wirklich ein böses und grimmiges Aussehen verleihen. Tartufo weiß nicht so genau, was Eichelhäher fressen.

Er glaubt, dass sie Mäuse oder Kleinvögel jagen. Er hat sie jedoch auch schon Käse und Haferflocken picken sehen, vor allem Erdnüsse. Vermutlich sind sie Aasfresser wie die Kolkraben und Elstern, die regelmäßig frühmorgens mal vorbeischauen, ob sie vielleicht einen kranken oder unachtsamen Vogel erhaschen. Einmal haben sie einer altersschwachen Taube den Garaus gemacht. Tartufo erinnert sich daran mit Grausen.

Die Wette geht unentschieden aus, denn Tartufo bittet um Bedenkzeit und Zimtsternchen gewährt sie ihm gnädig. Er ist auf einmal so müde und möchte etwas ausruhen. In Wirklichkeit aber will er den Eichelhäher beobachten, denn wenn er ehrlich ist, sind ihm diese großen Raubvögel nicht geheuer und er braucht seine ganze Aufmerksamkeit, damit er nicht in Gefahr gerät.

„Morgen ist auch noch ein Tag!", sagt er zu Zimtsternchen und schließt für einen Augenblick die Augen, damit sie glauben soll, er würde schlafen. Da Zimtsternchen genauso viel Angst hat wie er, durchschaut sie sein Manöver, aber als kluge Frau schweigt sie. So liegen sie beide auf der Lauer und atmen spürbar auf, als der Eichelhäher endlich davonfliegt.

Aber jetzt haben sie keine Lust mehr, über die Fressgewohnheiten der Vögel rund um den Balkon zu diskutieren und genießen lieber ihren Feierabend in andächtiger Stille.

Tatjana

Eine große Unruhe ist zu spüren. Tartufo möchte wissen, wieso! Er überlegt und überlegt, aber es fällt ihm nichts ein. Große Mutter rennt eilig hin und her. Sie trägt den kleineren Vierfüßler, Tatjana, auf dem Arm und lässt sich mit ihr auf der Bank vor Tartufos Nase nieder. Etwas Rotes sickert zu Boden. Beim näheren Hinschauen bemerkt Tartufo, dass es aus Tatjanas linker Hinterpfote tropft. Sie blutet. Große Mutter tunkt die blutende Pfote in ein Gefäß, den das andere Ungeheuer zusammen mit Utensilien hingestellt hat. Große Mutter nennt sie Mutti, sie muss mit ihr verwandt sein und noch ein Ungeheuer, mit schlohweißen Haaren und langen Hosen bekleidet, hört auf den Namen Vati.

Tatjana ist nicht begeistert und strampelt, um freizukommen. Große Mutter beruhigt sie und trocknet sie ab. Sie hält sie auf den Armen und streichelt sie. Dann setzt sie Tatjana auf den Boden, hebt ihr verletztes Pfötchen und sprüht etwas Transparentes, ein Desinfektionsspray, auf die Wunde und wartet ein Weilchen, bis die Stelle trocken ist. Nun klebt sie ein Pflaster darüber. Sie streichelt ihr behutsam über den Kopf. Dann räumt sie die Sachen zusammen und geht ins Haus. Mutti folgt ihr und beide vergessen wie üblich zu pfeifen, als sie an Tartufo und Zimtsternchen vorübergehen.

Tartufo ist enttäuscht. So ein Getue um nichts. Missmutig hockt er auf der Stange. aber es dauert nicht lange und Große Mutter kommt mit zwei Schälchen Mehlwürmern zurück. Sie pfeift fröhlich und stellt sein Lieblingsfutter in den Käfig. Zimtsternchen stürzt sich sofort darauf und auch Tartufo ist ausgesöhnt und macht sich über die Würmer her. Seine Welt ist wieder in Ordnung.

Doch schon am nächsten Morgen ereignen sich seltsame Dinge. Große Mutter ist früh aufgestanden, fast so früh wie Tartufo. Was ist jetzt wieder los? Die zwei Vierbeiner, Timmy und Tatjana, schleichen mit eingezogenen Ruten über den Balkon. „Wird der Käfig wieder saubergemacht?", denkt Tartufo ärgerlich.

Aber das stört die Hunde nicht, sinniert er weiter, und außerdem ist es noch viel zu früh am Morgen! Sollte Große Mutter die Käfigtür wieder versehentlich offenstehen lassen, er fliegt nicht mehr davon, das nimmt er sich ganz fest vor. Er hat noch genug vom letzten Mal, all diese Aufregungen und Scherereien, nein, danke! Zimtsternchen ist ganz seiner Meinung und sie beobachten Große Mutter mit Argusaugen. Sie ist ausgehbereit angezogen und wedelt mit etwas Metallenem, einem Autoschlüssel. Ihre Bewegungen sind fahrig. Sie wirkt ängstlich und nervös und ihre Stimmung hat sich auf die Hunde übertragen. Unruhe liegt in der Luft. Große Mutter stellt Tartufo und Zimtsternchen die obligatorische Vogelmiere in den Käfig, pfeift traurig und wirft ihnen ein kleines Kusshändchen zu. Das hat sie noch nie getan, was ist los?

Tartufo scharrt wütend mit den Füßen. Große Mutter hat Kummer, das bemerkt er deutlich. Sie verschließt die Balkontür und entfernt sich, trägt Tatjana nach unten und schon bald hören Tartufo und Zimtsternchen das Brummen eines Autos. Große Mutter fährt mit Tatjana davon. Stunden vergehen, dann kehrt sie mit einer leblosen Tatjana auf dem Arm zurück. Es stinkt fürchterlich, es riecht überstark nach Medizin. Große Mutter trägt den kleinen Vierfüßler ins Schlafzimmer und verdunkelt den Raum. Tartufo hört, wie sie vorsichtig die Rollos herunterlässt. Sie bettet Tatjana in weiche Kissen und deckt sie zu.

Tatjana wimmert und stöhnt. Zärtlich streicht sie ihr über den Kopf und redet beruhigend auf sie ein, setzt sich neben sie und erinnert sich an die endlose Autofahrt nach Hause. An die scheußliche Halskrause, die so ekelhaft hart und unförmig ist und wie ein Trichter um Tatjanas Hals lag und wie der noch narkotisierte Hund bereits einige Minuten nach Anlegen der Krause verzweifelt versuchte, sich vom Kopf zu stoßen.

Große Mutter bekommt Magenschmerzen und sie drückt Tatjana, die am Boden des Beifahrersitzes liegt, mit der rechten

Hand nach unten. Ausgerechnet jetzt ist soviel Verkehr auf der Straße. Einmal rutscht sie gerade noch bei Gelb über die Ampel. Sie will so schnell wie möglich nach Hause. Als sie endlich ankommt und in Windeseile die Tür öffnet, um Tatjana hineinzutragen, hat sie sich bereits von der Halskrause befreit und steht torkelnd mit den Vorderpfoten auf dem Sitz. Sie schwankt wie ein Halm im Wind. Große Mutter schnappt Tatjana und die Halskrause und rennt die Stufen hinauf Endlich geschafft! Große Mutter seufzt. Sie hat diese Bilder ganz plastisch vor sich.

Was für ein Glück, dass sie sich für einen Tierarzt in der Nähe entschieden hat. Gar nicht auszudenken, wenn sie noch eine lange Strecke hätte zurücklegen müssen! Sie blickt auf Tatjana, die zu wimmern aufgehört hat und normal atmet. Ihre Augen sind geschlossen. Sie liegt friedlich da - ohne angelegte Halskrause. Große Mutter zieht behutsam die Tür hinter sich zu und geht auf den Balkon, um ihren Eltern Bericht zu erstatten.

Mutti und Vati warten schon ungeduldig und nicht nur Tartufo und Zimtsternchen hören aufmerksam zu. Große Mutter beginnt zu erzählen: Sie ist mit Tatjana in die Tierklinik gefahren, um eine Ovariohysterektomie, die Entfernung von Eierstöcken und Gebärmutter, vornehmen zu lassen. Dadurch kann Tatjana nicht mehr läufig und nicht mehr trächtig werden. Das bedeutet: Sie kann keine Welpen mehr bekommen, wie Hundebabys genannt werden, aber die Möglichkeit, Unterleibskrebs zu bekommen, kann sie damit auch ausschließen.

Tatjana ist in ihrem jungen Leben schon oft krank gewesen und auch schon einmal operiert worden, außerdem hatte sie schon mehrere epileptische Anfälle. Große Mutter hatte in der Vergangenheit mehrere Tierärzte konsultiert und alle hatten ihr zu dieser Operation geraten, da keine Garantie für eine normale Trächtigkeit und Geburt möglich war. Selbst bei den Welpen war eine Vererbung dieser Krankheit durch die Mutter nicht auszuschließen, und um sich selbst und dem Hund dieses Leid zu ersparen, hatte sie sich schweren Herzens zu dieser Operation entschlossen.

Heute Morgen nun war es soweit. Der Termin stand schon seit längerem fest und ausgerechnet gestern hatte sich Tatjana noch am Ballen verletzt. Beim letzten Spaziergang war sie in die Glasscherbe einer Bierflasche getreten, die ein Betrunkener achtlos weggeworfen hatte, und zog sich einen tiefen Riss zu. Die Wunde blutete stark und war so tief, dass sie auch noch genäht werden musste.

Große Mutter berichtet weiter, dass Tatjana auf einen Untersuchungstisch gelegt, von der Vorderpfote Blut abgezapft und ihr eine Spritze mit einer Schlafmittellösung verabreicht wurde. Sie ist unruhig und wirkt sehr verstört. Große Mutter hat Angst, dass sie einen ihrer epileptischen Anfälle bekommt und es dauert eine ganze Weile, bis es möglich ist, die nötigen Vorbereitungen für die Operation auszuführen.

Große Mutter drückt Tatjana noch einmal ganz fest an sich und flüstert ihr liebevolle beruhigende Worte ins Ohr, bevor das Narkosemittel wirkt. Tatjana fühlt sich geborgen und schlummert friedlich ein. Große Mutter muss sich jetzt verabschieden und läuft mit Timmy wahl- und ziellos durch die Straßen und ruft zwei Stunden nach der Operation in der Klinik an, um sich nach Tatjana zu erkundigen. Sie hat große Angst um ihr Hündchen. Gott sei Dank ist die Operation gut und ohne Zwischenfälle verlaufen, und der befürchtete Anfall während der Narkose ist nicht eingetreten. Große Mutter hat Tatjana auch gut vorbereitet. Sie hat ihr einige Tage vor der Operation jeden Tag Ascorbinsäure, Vitamin C, ins Fressen gestreut und ihr auch täglich eine Vitamin E-Kapsel gegeben. Diese Vorsichtsmaßnahme stärkt das Immunsystem und auch das Narkosemittel wird dadurch besser absorbiert.

Kurze Zeit später kann sie Tatjana heimholen. Zögernd betritt sie die Tierklinik. Sie ist aufgeregt und will es verbergen, aber ihr zittern die Knie. In der Aufnahme wird sie gebeten, sich noch ein paar Minuten zu gedulden. Dann öffnet sich eine Tür, der Arzt tritt heraus und sagt: „Ihr Hund hat Sie schon gehört, kommen Sie bitte!" Mit weichen Knien und zögernd nähert sie sich der Tür, aber Tatjana ist nicht zu sehen. Da erblickt sie einen Monitor und sieht Tatjana auf dem Bildschirm.

Sie liegt auf einer harten, mit Zeitungspapier ausgepolsterten Pritsche, wackelt unbeholfen mit dem Kopf und horcht. Große Mutter ist stumm und starrt wie gebannt auf den Bildschirm. Nach einigen Minuten wird Tatjana gebracht, wieder auf den Behandlungstisch gelegt und mit einer viel zu großen Halskrause versehen. Große Mutter bittet den Arzt, ihr diese Schikane zu ersparen, aber der besteht darauf und erlaubt ihr lediglich eine etwas kleinere Halsbinde. Tatjana lässt alles willenlos mit sich geschehen. Eine Arzthelferin hebt sie hoch und legt sie Große Mutter in den Wagen. Bereits auf dem Weg zum Auto fängt sie an zu wimmern und zu stöhnen und versucht, sich der Krause zu entledigen.

Große Mutter schaut auf die Uhr, unterbricht ihre Geschichte, entschuldigt sich und eilt zurück ans Krankenlager. Tatjana liegt wie leblos da. Große Mutter beugt sich zu ihr nieder und streichelt ihr zärtlich über den Kopf. Sie fühlt sich kalt an. Erst jetzt bemerkt sie mit aller Deutlichkeit, dass Tatjana unterkühlt ist. Sie tastet nach ihren Pfoten und spürt die Kälte. Erschrocken massiert sie ihr die Pfoten und Ballen, bis sie langsam wärmer werden und deckt sie wieder zu. Sie bleibt neben ihr sitzen und beobachtet sie. Tatjana wimmert leise. Erst nach längerer Zeit erwärmt sich ihre Temperatur und sie atmet ruhig und gleichmäßig. Auch das Wimmern hat aufgehört. Sie fühlt sich wohl und geborgen. Große Mutter streichelt sie noch ein paar Mal behutsam, dann verlässt sie den Raum und begibt sich wieder auf den Balkon.

Sie gesellt sich zu Tartufo und Zimtsternchen und redet mit ihnen. Die beiden sitzen unbeweglich auf ihrer Lieblingsstange und sind ganz still. Sie haben Tatjana wimmern hören und wissen, dass sie leidet. Besonders Tartufo empfindet großes Mitgefühl und beschließt, ihr eine Arie zu widmen, sobald es ihr besser geht und sie ihn wieder hören kann.

Er wird aus seinen Gedanken gerissen, als er Große Mutter sagen hört, dass sie Angst vor der Nacht hat. Sie bringt es nicht über sich, Tatjana diese ekelhafte Halskrause anzulegen und weiß, dass sie damit eine schlaflose lange Nacht vor sich hat.

Und es wird eine unruhige, lange Nacht! Timmy und Tatjana halten sich gegenseitig wach. Timmy fühlt sich vernachlässigt und verlässt seinen Schlafplatz mehr als ein Dutzend Mal und bellt Große Mutter verhalten an. Sie streichelt ihn und versucht, ihm die Situation zu erklären. Tatjana hört Geräusche und wälzt sich unruhig hin und her. Ab und zu stöhnt sie und grunzt wie ein Schwein. Große Mutter hat Angst, einzuschlafen. Sie fürchtet sich davor, dass Tatjana an der Wunde leckt und die Fäden mit den Zähnen herausreißt.

Gott sei Dank geht alles gut. Aber auch den nächsten Tag und die nächste Nacht bleiben Große Mutter und Tatjana unsichtbar. Alles spielt sich im Schlafzimmer ab. Das Zimmer bleibt verdunkelt und kein Laut ist zu hören. Tartufo und Zimtsternchen werden von Mutti versorgt.

Endlich, am Sonntag, erscheint Große Mutter wieder und füttert ihre kleinen gefiederten Freunde. Tartufo findet, sie sieht blass und müde aus. Ihre Eltern sind auch auf dem Balkon. Sie frühstücken gemeinsam und Große Mutter trägt Tatjana und zeigt ihre Wunde. Tartufo reckt seinen Hals, um ja alles zu sehen, er kann jedoch nur einen Haufen weißes Zeug - Mullbinden - entdecken. Tatjanas linke Hinterpfote ist so fest bandagiert und eingepackt, das es klick, klick, klick, klack macht, wenn sie auf dem Balkon entlang schleicht. Wie ein Pirat oder ein Tausendfüßler mit Holzbein!

Große Mutter ist froh, dass das Schlimmste vorbei ist. Auch der Schnitt ist wesentlich kleiner ausgefallen als befürchtet. Seit der Operation sind schon drei Nächte vergangen und morgen muss Tatjana zur ersten Wundversorgung. Dann wird ihr Verband am Fuß nachgesehen, neu versorgt, verbunden und am Bauch werden ihr die Mullbinden entfernt, wenn alles in Ordnung ist. Und es sieht ganz danach aus!

Tatjana hat seit der Operation fast nur geschlafen und ist nur ganz kurz mit wackeligen Beinen auf dem Balkon herumgeschlichen. Tartufo hat sich ein neues Liedchen für sie einfallen lassen, aber sie hat es nicht bemerkt. Er grollt dem armen Geschöpf jedoch nicht und wartet geduldig darauf, dass ihr der Verband abgenommen wird und sie wie früher durchs Haus tobt und mit Timmy spielt. Vorhin wollte sie bellen, aber es kam nur ein klägliches Gurgeln heraus, so, als wäre sie heiser. Zum Pinkeln und Kot absetzen trägt sie Große Mutter in den Garten und wieder zurück ins Haus. Das klappt vorzüglich.

Tartufo und Zimtsternchen dösen. Sie sitzen faul in ihrem Nest und nehmen ihre Umwelt nur schemenhaft wahr. Es ist ein warmer Sommernachmittag. Auf einmal biegt etwas Weißes um die Ecke. Was ist denn das? Erschrocken reißt Tartufo die Augen auf und richtet sich steil auf.

Kommt da ein Nachtgespenst? Er verpasst Zimtsternchen einen Knuff in die Seite und deutet auf die vermummte Gestalt. Zimtsternchen sieht gelassen hin und murmelt: „Das ist doch nur der kleine Vierfüßler!" Ungläubig starrt Tartufo auf das undefinierbare Etwas, das immer näher kommt. Tatsächlich, es ist Tatjana! Unbeholfen schleppt sie sich vorwärts und versucht, ihren weißen Umhang loszuwerden. Es gelingt ihr nicht, denn das weiße Gewand ist mit Sicherheitsnadeln festgesteckt. Es ist ein Handtuch, in das Große Mutter vier Löcher hineingeschnitten und es Tatjana wie eine Strampelhose durch die Beine gezogen und auf dem Rücken zusammengehalten hat.

Tartufo kann gut nachempfinden, dass Tatjana dieses Gewand loswerden möchte, wenn er sich vorstellt, dass er so eingewickelt würde! Schauderhaft! Er ist jetzt hellwach und bedauert Tatjana sehr. Zimtsternchen kümmert sich - wie vorauszusehen war - nicht darum und hält weiterhin ihren Schönheitsschlaf.

Tartufo hört Große Mutter berichten, dass Tatjana das „Nachthemd", wie sie es nennt, zur Vorsicht tragen muss, damit sie sich nicht mit den Zähnen die Wunde aufreißt. An der Pfote hat sie schon versucht, den Verband zu lösen. Wahrscheinlich juckt es und sie möchte sich die Wunde lecken.

Das Nachthemd bereitet ihr kein Vergnügen und auch für Große Mutter ist es jedes Mal eine Strapaze, es ihr überzustreifen. Große Mutter ist erschöpft. Sie hat schon einige Nächte nicht geschlafen und braucht dringend ihre Nachtruhe, deshalb hat sie ihr auch dieses Handtuch zurechtgeschnitten, damit Tatjana auf keinen Fall an die Wunde herankommt, falls sie doch einmal einnicken sollte.

Sie hat mehrmals versucht, ihr die Halskrause anzulegen, aber schon nach zehn Minuten wieder aufgesteckt, denn Tatjana verschwendet ihre gesamte Energie darauf, sich davon zu befreien und verdreht die Augen so sehr, dass Große Mutter einen Anfall befürchtet und schon deshalb darauf verzichtet. Dafür muss sie aber das Nachthemd tragen, um Schlimmeres zu verhüten. Doch schon nach zwei Tagen gelingt es ihr mühelos. Tatjana hat es akzeptiert und scheint es sogar zu mögen, denn der kleine

Hund liebt Wärme über alles und das Handtuch wärmt vorzüglich.

Endlich ist es Montag geworden. Tartufo kann es kaum erwarten, Tatjana ohne Mullbinden zu sehen. Er ist ja so neugierig und möchte ihre Narbe anschauen. Außerdem glaubt er, dass es ihr dann auch wesentlich besser geht.
Große Mutter verschwindet und kommt erst nach einer sehr langen Weile zurück.
Unverändert, wie Tartufo meint. Tatjana hat noch immer ihren Hinkefuß mit dem großen schwarzen Verband. Aber es ist alles in Ordnung. Sie hat einen neuen Verband bekommen, nachdem die Wunde versorgt wurde und deshalb kann Tartufo keine Veränderung feststellen.
Auch die Mullbinden unter dem Bauch sind verschwunden und der Arzt ist mit dem Ergebnis sehr zufrieden. Wenn alles gut geht, werden nächsten Montag die Fäden gezogen und die nächtliche Angst, dass Tatjana an den Fäden zieht, ist endlich vorbei.

Große Mutter darf nicht daran denken, dass sie tatsächlich die Fäden herausreißen könnte, dann müsste sie noch einmal genäht werden! Das Nachthemd bietet zwar großen Schutz, aber hundertprozentig sicher ist es nicht. Doch Große Mutter bildet es sich zumindest ein.

Wenn Tatjana herumhumpelt, klingt es immer noch klick, klick, klick, klack. Zimtsternchen findet es lustig und sieht die Dinge gelassen. Tartufo hingegen zeigt viel Mitgefühl, ja er leidet mit Großer Mutter und hofft, dass alles gut geht!
Die Tage vergehen und nichts Außergewöhnliches geschieht. Donnerstag bekommt Tatjana wieder einen neuen Verband für ihre Pfote, aber sonst geht alles seinen normalen Gang.
Tartufo bemerkt, dass es abends schon früher dunkel wird und es auch längst nicht mehr so warm ist. Der Herbst steht vor der Tür!

Der Montag kommt und Tatjana werden die Fäden entfernt. Alles läuft programmgemäß ab wie im Lehrbuch - die Narbe sieht sehr gut aus und auch die Wunde ist gut verheilt. Große Mutter ist zufrieden. Jetzt kehrt endlich wieder Ruhe ein.

Ein paar Tage später schießt Tatjana morgens wie ein Pfeil um die Ecke und rennt einer Ringeltaube nach, die sich ein gerade ein paar Körner holen will. Tartufo schmunzelt, jetzt ist alles wieder beim Alten. Die Nachwehen der Operation sind überwunden und sie ist ganz die Alte.

Zufrieden pufft er Zimtsternchen in die Seite und erntet einen missbilligenden Blick. Er beachtet es nicht. Viel schöner ist, dass Große Mutter wieder ein freundliches Gesicht zeigt und ihm soviel Beachtung schenkt wie früher. Gerade kommt sie mit einem Schälchen seiner geliebten Mehlwürmer und ein paar Blättchen ganz zartem grünen Salat um die Ecke.

Fröhlich pfeifend öffnet sie die Käfigtür und stellt alles hinein. Dann verabschiedet sie sich lächelnd und Tartufos und Zimtsternchens Welt ist wieder in Ordnung. Selig verspeisen sie ihre Mehlwürmer und freuen sich schon auf einen friedlichen sonnigen Tag.

Die Stare, das Rotkehlchen Sunshine und der Kolkrabe

Was für eine Plage! Die Stare fallen ein wie eine Horde Hornissen und räumen alles ab. Sie geben keine Ruhe, bis alles kahl gefressen ist, sind auch nicht besonders ängstlich oder schreckhaft. Sie fliegen zwar davon, wenn man sie aufscheucht, doch einen Augenblick später sind sie mit Verstärkung wieder da. Sie fressen alles, ob es sich um Fleisch- oder Fischreste, Käse, Haferflocken, Reis, Kartoffeln, Grünzeug, Nudeln oder Süßes handelt. Sie vertilgen alles.

Lustig ist es, wenn der Nachwuchs anrollt. Die Eltern haben ein sehr farbenprächtiges Gefieder. Schwarz mit grün-blau-violetten Farben und vielen weißen Punkten übersät, die jungen Stare dagegen sind mausgrau und nur an den eigenwilligen Augen im Blickwinkel des Schnabels kann Tartufo die Nestlinge - Jungstare - erkennen. „Sie haben einen sehr spitzen gefährlichen Schnabel", denkt er und erinnert sich an die Drillinge: Eines Tages kommt ein Papa mit seinen drei Jungen anspaziert. Es ist zu putzig, wie sie da in Reih und Glied über die Wiese stolzieren. Papa vorneweg und die drei im Gleichschritt hinterher. Tartufo muss bei diesem Anblick so lachen, dass er sich verschluckt und kräftig husten muss. Zimtsternchen schüttelt nur den Kopf und klopft ihm kameradschaftlich auf den Rücken. Die drei lassen Papa keine Ruhe und betteln den ganzen Tag um Nahrung. Es ist hinreißend mit anzusehen, wie Papa Star sich um seinen Nachwuchs bemüht. Tartufo bewundert ihn. Mit welcher Engelsgeduld er für die täglichen Mahlzeiten sorgt! Unermüdlich ist er im Einsatz, morgens der Erste und abends der Letzte.

Pausenlos schafft er Futter heran und was machen die drei für ein Geschrei, wenn Papa mal etwas länger wegbleibt! Tartufo findet diese Schreierei unerträglich und ist erleichtert, wenn er Papa um die Ecke biegen sieht, den Schnabel vollbepackt mit Haferflocken und Insekten. Tartufo freut sich auf den Tag, wenn die Schreihälse endlich größer sind und sich selbst versorgen.

Dieses Gebrüll kann er kaum noch ertragen, und es gibt dieses Jahr so viel Nachwuchs, dass er es nicht mehr überschauen kann.

Tartufo ist ganz in seinen Gedanken versunken. Er hat den weißen Star, den Albino, schon einige Zeit mit seinen beiden Schützlingen nicht mehr gesehen und wundert sich, wo er bleibt. Da unterbricht Zimtsternchen seinen Gedankengang und bittet ihn, dem lieblichen Gesang zuzuhören. Und wirklich, die Melodie, die er vernimmt, ist wunderschön. Es ist die unscheinbare Nachtigall, die sehr selten zu Besuch kommt.

Sie findet hier zwar nicht ihr Lieblingsfutter, doch kommt sie ab und zu vorbei, um nachzuschauen, ob nicht doch auch etwas für sie dabei ist. Sie pickt einige winzige Körnchen Wildsämereien, die der Wind über den Balkon auf den Boden geweht hat und ruht sich aus. Sie trällert ihr Liedchen und verschwindet wieder.

Tartufo hat große Mühe, sie ausfindig zu machen. Sie ist so winzig und durch die braune Farbe kaum zu erkennen. Ihr Schwanz ist sehr klein und steht fast senkrecht nach oben. Aber wenn sie morgens vorbeischaut und singt, ist Tartufo sofort hellwach und hört ihr andächtig zu. Zimtsternchen freut sich ebenso, wenn die Nachtigall ertönt und genießt ihren Gesang.

Als unscheinbar und ängstlich hat Tartufo auch eines Tages das Rotkehlchen kennen gelernt. Es ist so unterwürfig und scheu und fliegt sofort davon, wenn auch nur ein Flügelschlag hörbar ist. Große Mutter bemerkt es mit Bedauern und beschließt, zu helfen. Sie besorgt sich Samen und Fettfutter, speziell für Rotkehlchen.

Sie streut es nur an Stellen aus, die die anderen Vögel nicht aufsuchen und wartet ab. Rotkehlchens Tisch ist gedeckt und siehe da, es dauert gar nicht lange und das Rotkehlchen findet seine Futterstellen. Auch für Wasser hat Große Mutter gesorgt. Sie lächelt und freut sich sehr darüber, dass das übervorsichtige Rotkehlchen, das sie spontan Sunshine nennt, die Scheu überwindet und sich jetzt häufiger blicken lässt.

Auch Tartufo findet es großartig, dass Große Mutter so ein gigantisches Herz für Vögel hat. Nach einer Weile bemerkt er, dass es sich sogar um ein Pärchen, um zwei Rotkehlchen handelt, wie schön!

Sie kommen schon früh am Morgen und erfreuen Tartufo und Zimtsternchen mit ihrem schönen Gesang.

Große Mutter hat auch registriert, dass das eine Rotkehlchen viel roter ist als das andere und außerdem einen großen hellgrauen Fleck an der Seite hat - Männchen und Weibchen - sie ist begeistert und passt auf, dass die zwei auch immer was zu knabbern vorfinden und eines schönen Tages bringen sie auch ihren Nachwuchs mit. Es sind zwei Nestlinge, und Große Mutter findet es wunderschön und entschließt sich in diesem Augenblick, das ganze Jahr über für ihre gefiederten Freunde zu sorgen, wenn die Wetterbedingungen schlecht sind und ihre Lieblinge sonst in Schwierigkeiten geraten. Und natürlich immer vor, während und nach der Brutzeit, im kalten Winter sowieso.

Hier und da ein paar Körnchen und Wasser werden sicherlich hilfreich sein und außerdem kann sie die bunte Vogelschar dann das ganze Jahr über beobachten.

Tartufo kratzt sich am Kopf. Er ist heute nicht gut drauf und würde am liebsten den ganzen Tag im Nest bleiben. Aber da erscheint ein neuer Gast. Ein Riesenvogel. Ein Kolkrabe! Mit langen Schritten marschiert er über die Wiese und sucht Futter. Es ist unglaublich. Alle geben sich hier ein Stelldichein. Es ist früher Nachmittag und der Kolkrabe ist sehr vorsichtig, er hat was zu fressen entdeckt, schnappt es und verschwindet mit kräftigen Flügelschlägen. Er entfleucht in die Lüfte und entschwindet Tartufos Blicken.

Große Mutter hat es auch gerade beobachtet und weiß, dass das Futter für seinen Nachwuchs ist. Er kommt stets um 14.30 Uhr - sie kann die Uhr danach stellen und ganz früh am Morgen, wenn sie normalerweise noch schläft. Sie hat ihn zufällig einmal entdeckt, als sie durch ungewohnte Laute geweckt wurde und zum Küchenfenster hinausblickte.

Tartufo interessiert sich nicht so sehr für diese schwarzen Riesenvögel. Sie sind ihm unheimlich und er ist froh, wenn diese Monster weit von ihm entfernt sind. Er hat genug für heute, er beginnt immer müder zu werden und kurze Zeit später ist er eingeschlafen.

Herbert

Eines Morgens beschließt Große Mutter, den Balkon zu säubern. Sie hat die leeren Sonnenblumenkerne und den Vogeldreck zwar immer abgekehrt, aber es hat sich so eine Schmiere angesammelt, dass das Betreten des Balkons lebensgefährlich ist. Umständlich und mit viel Geduld packt sie den großen Käfig und transportiert ihn samt Inhalt nach unten in den Garten.

Tartufo und Zimtsternchen sind entsetzt. Sie werden hin- und hergeschaukelt und fliegen wild im Käfig umher. Endlich hat Große Mutter einen geeigneten Platz neben einer Tanne und einem Erlenbaum gefunden und setzt sie im Schatten ab. Sie stellt ihnen ihr Futter hinein, aber beide beachten es nicht. Wo sind sie hier und was sollen sie hier? Tartufo versteht die Welt nicht mehr. Was ist mit seinem schönen Ausblick? Wo ist sein rosaroter Blütenbaum? Wo sind all die anderen Vögel? Er meutert und tritt in Hungerstreik und fordert Zimtsternchen auf, es ihm gleichzutun. Doch sie hört wieder einmal nicht auf ihn und ist längst dabei, ihre Portion aufzufuttern.

Für Zimtsternchen ist die Welt schon längst wieder in Ordnung, vor allem, wenn sie ihre Lieblingsspeise bekommt.

Tartufo tobt. Er ist mit sich und der Welt unzufrieden und versucht, seine Stimmung Zimtsternchen darzulegen. Sie hört ihm schließlich schmatzend zu und zuckt lakonisch mit den Flügeln. „Was soll's? Hier ist es auch ganz nett. Ich weiß gar nicht, was du hast und warum du dich so aufregst. Vor allem schrei nicht so!", tadelt sie ihn und frisst weiter. Tartufo gibt auf und zieht sich schmollend ins Nest zurück.

Er beschließt, zu hungern und Große Mutter einfach zu ignorieren. Nach einer Weile lugt er jedoch neugierig aus dem Nest hervor und beobachtet grollend seine neue Umgebung. Hier ist es angenehm still und rundherum grün. Schon wesentlich interessierter schaut er sich weiter um. Niemand ist zu sehen oder hören. Sie sind ganz allein. Eine paradiesische Ruhe. Kein anderer Vogel ist in der Nähe. Nach einer Weile findet es Tartufo langweilig und er versucht, mit Zimtsternchen ein Gespräch anzufangen. Da, auf einmal ein Schatten! Interessiert schaut Tartufo in diese Richtung. Oh je, etwas Rotbraunes mit langem buschigen Schwanz bewegt sich da vor ihm auf dem Baum und springt von Ast zu Ast, es sieht aus wie eine vergrößerte Ratte. Wer ist das? Eine Gefahr? Er blinzelt zu Zimtsternchen. Sie sitzt ängstlich auf einer Stange und starrt auf das Fabeltier. Es ist ein Eichhörnchen und gefährlich! Tartufo erschrickt. Wo ist Große Mutter, um sie zu beschützen? Hat das Eichhörnchen sie schon entdeckt? Nein, denn es ist ganz mit sich beschäftigt und schnabuliert genüsslich ohne Hast den Samen von den Zapfen.

Herbert hat die Veränderung natürlich sofort bemerkt, aber er zeigt kein Interesse. Er hat genügend zu fressen und so ein großes Nahrungsangebot, dass er nicht in Panik geraten braucht, aber er merkt, wie ängstlich der buntgefiederte kleine Vogel zu ihm herüberschaut.

Seine Nackenfedern sträuben sich vor Angst und er lauert in geduckter Haltung. Er könnte ihm ja mal etwas ärgern und ihm einen Schreck einjagen. Nur so zum Spaß. Er überlegt nicht lange und springt mit einem gewaltigen Satz direkt auf den Käfig. Tartufo ist wie gelähmt und auch Zimtsternchen unterbricht ihr Fressen und verharrt regungslos auf ihrer Stange.

Herbert beäugt den Käfig und seine Insassen und verweilt einen Moment ruhig auf dem Dach des Geheges. Die beiden Zebrafinken sitzen wie angenagelt. Vor Schreck sind ihnen die Glieder erstarrt. Tartufos Herzchen schlägt wie wild. Hat sein letztes Stündchen geschlagen?

Verzweifelt denkt er nach. Was kann er nur tun? In seiner Todesangst stößt er laute Schreie aus, schlägt verzweifelt mit den Flügeln, macht sich riesengroß und versucht so das Eichhörnchen zu vertreiben. Herbert lächelt in sich hinein. Er ist gutmütig, denn niemand vergreift sich an seinen Vorräten und niemand ärgert ihn. So blickt er nochmals gönnerhaft zu Tartufo und verlässt den Käfig wieder mit einem gewaltigen Sprung auf den nächsten Baum und verschwindet.

Tartufo kann es nicht glauben und Zimtsternchen schaut ihn entgeistert an. „Es hat funktioniert!", jubelt er und lachend hopsen sie im Käfig herum. Tartufo ist glückstrunken und fliegt stolz mit erhobenem Kopf hin und her. „Oh, wie einfach ist das Leben und wie schön, wenn man Mut besitzt und ihn auch einsetzt!", denkt er begeistert. Zimtsternchen ist stolz auf ihren Tartufo und zeigt es auch. Sie nimmt sich vor, ihm jeden Tag einen Mehlwurm abzutreten als Tribut für den Sieger. Anerkennend bittet sie ihn ins Nest und beweist ihm ihre Liebe und Zuneigung. Tartufo ist selig.

Als Große Mutter einige Zeit später nach den beiden sieht und auch den Käfig wieder nach oben trägt, bleiben beide im Nest und lassen sich mit Gelassenheit transportieren. So, als wäre es Routine.

Eigentlich war das ein kurzer und interessanter Ausflug mit einem so schönen Ereignis. Endlich konnte Tartufo seinem Zimtsternchen seinen Mut beweisen! Was für ein Abenteuer! Tartufo genießt es, als Sissy vorbeikommt und Zimtsternchen ihr die Geschichte mit Herbert erzählt. Mit Stolz geschwellter Brust sitzt er oben auf seiner Lieblingsstange und blickt unbeteiligt in die andere Richtung. Aber jedes Wort von Zimtsternchen geht ihm runter wie Öl und er fühlt sich so leicht und beschwingt und möchte am liebsten seine Zufriedenheit laut herausschreien. Aber er weiß schließlich, was sich gehört und so begnügt er sich damit, wohlwollend Sissy zuzunicken und sich von Zimtsternchen kraulen zu lassen.

Sie tut es aus Liebe und Überzeugung, denn sie ist unerhört stolz auf ihn. Und wieder einmal ist ihre Welt vollkommen in Ordnung. Tartufo hält die Augen geschlossen, genießt die zärtliche, liebevolle Fürsorge von Zimtsternchen und träumt schon von neuen Abenteuern, die ihn als Helden zeigen.

Tartufos Traum

Tartufo wird vom peitschenden Regen wach. Er öffnet ein Auge und blinzelt. Es fängt an zu dämmern und er träumt. Er fühlt sich emporgehoben und schwebt in schwindelnden Höhen durch die Lüfte. Es geht mit rasender Geschwindigkeit vorwärts. Er sitzt auf einem farbenprächtigen Teppich, der ihn fast blendet, so glitzert und funkelt er. Es ertönt eine unbeschreiblich herrliche Musik, dass ihm vor Glückseligkeit schwindlig wird. Der Teppich ist weich gepolstert und er spürt, wie es ihm heiß und heißer wird. Er bekommt Atemnot und holt tief Luft, um festzustellen, wo er sich befindet und wohin die schnelle Fahrt geht. Er schaut sich um und blickt nach unten. Häuser und Bäume, ja selbst die Berge kann er nur schemenhaft erkennen. Die Bäume sehen aus wie Streichhölzer! Er schaut zurück und kann nur noch Punkte wahrnehmen.

Er fliegt und fliegt und das Rauschen des Windes betört ihn. Auf einmal sieht er ein helles strahlendes Licht und fliegt geradewegs hinein. Der Teppich senkt sich, er landet. Er befindet sich in einer Oase. Wohin er auch blickt, überall gibt es Springbrunnen, aus denen das köstlichste Nass sprudelt. Mehlwürmer hängen von den Bäumen herab, so viele und so große hat er überhaupt noch nie gesehen. Kolbenhirse spannt sich von einem Baum zum anderen und einladend viele frische Körner liegen am Boden, so dass er nicht weiß, wo er zuerst hinfliegen und was er zuerst probieren soll.

Vogelmiere, frische Halme, Gräser und grüne Salatpflänzchen sind in Unmengen vorhanden, er kann sich überhaupt nicht satt sehen. Und dann dieser weiße und weiche Sand überall! Ihm bleibt vor Staunen der Schnabel offen stehen. Er blickt sich um und entdeckt viele exotische grüne Büsche, die mit Vogelnestern übersät sind, so große und schöne, er kann sich überhaupt nicht satt sehen und seine Blicke abwenden. Er bleibt wie angewurzelt am Boden stehen. Wo ist er eigentlich? Er hat keine Ahnung. Ihm läuft beim Anblick der lukullischen Genüsse das Wasser im

Schnabel zusammen. Aber wo sind die Bewohner? Er kann niemanden entdecken! Ratlos dreht er sich ein paar Mal im Kreis.

Da, auf einmal verdunkelt sich der Himmel und ein Riesenschwarm Zebrafinken kommt angeflogen und bevölkert in Sekunden die ganze Oase. Ein Geschrei und Geschnatter und Flügelschlagen ertönt, dass ihm angst und bange wird. Ungefähr ein Dutzend Finken lässt sich direkt neben ihm nieder. Sie schubsen und drängen ihn zur Seite.

„Mach Platz!", schreien sie. „Wir sind da. Wer bist denn du und wo kommst du her?" Hilflos und mit hängenden Flügeln steht er da wie ein Jammerlappen. Vor lauter Aufregung kann er kaum sprechen, er bringt nur ein Gestammel zustande.

„Ich weiß nicht, wie ich hergekommen bin!", versucht er ihnen zu erklären.

„Na, das wollen wir mal sehen!", kreischt einer aus der Menge, packt ihn und zerrt ihn vorwärts geradewegs zu einer Versammlung. Hier lässt er ihn fallen und fliegt davon.

Ein sehr schöner, stattlicher, großer Zebrafink kommt auf ihn zu und fordert ihn auf, sich einmal zu drehen und seine Federn, seinen Körper, seinen Schnabel und seine Zehen vorzuzeigen. Und zwar so, dass sie ihn alle gut von allen Seiten betrachten können. Er begreift das nicht.

„Warum nur", jammert er, „warum?"

„Nun, das ist ganz simpel. Du bist ohne Aufforderung und Erlaubnis in unsere Kolonie eingedrungen, und jetzt wollen wir wissen, mit wem wir es zu tun haben und wer du bist, was du vorweisen kannst und woher du kommst. Denn wenn du bei uns aufgenommen werden willst, musst du erst einmal beweisen, dass du auch würdig und stark genug bist und außerdem eine große Portion Mut besitzt!"

„Mut und Kraft? Wozu?" Tartufo sinkt in sich zusammen und wird immer kleiner. Hilflos blickt er in die Runde.

„Ja, hast du denn noch nie von unseren Ritualen gehört? Warum bist du dann überhaupt hierher gekommen?" Ungläubig schüttelt der schöne Zebrafink seinen Kopf.

„Wir sind die Auserwählten und leben im gepriesenen Land. Aber nur, wenn du dreimal mutiger gewesen bist als andere und außerdem mindestens 20 Nachkommen hast, akrobatische Übungen beherrschst sowie einen Zweikampf mit einem unserer Ringer austrägst und als Sieger hervorgehst, darfst du bleiben. Also, wo kommst du her und was hast du vorzuweisen? Beeile dich bitte, den gleich beginnen unser Fitnessprogramm und die Vorbereitung unserer Hochzeitszeremonie für zwei Dutzend Zebrafinken. Da muss noch Einiges vorbereitet werden! Tritt vor und fasse dich kurz!"

Verdattert tritt Tartufo von einen Bein auf das andere. Was kann er schon vorweisen? Er ist erst einmal mutig gewesen, als er mit Herbert, dem Eichhörnchen, Bekanntschaft geschlossen hat. Kinder hat er überhaupt noch keine und verheiratet ist er auch noch nicht, fällt ihm plötzlich siedend heiß ein. Aber das hat wohl nicht viel zu sagen. Oder doch? Akrobatische Übungen hasst er wie die Pest und bei einem Zweikampf wird er sicherlich auch nicht als Sieger hervorgehen! Seufzend lässt er seine Flügel noch weiter herunterhängen. Er findet keine Worte, er bleibt einfach stumm und ist sichtlich verstört.

Die Zebrafinken haben einen Kreis um ihn gebildet und blicken ihn herausfordernd und ungeduldig an. Er kann an ihren Mienen erkennen, dass sie sich bereits diebisch auf diesen Zweikampf freuen und wissen, dass er der Verlierer ist.

Der Wortführer verkündet ihm mit Gongschlag, dass sie auf seine Ausführungen warten. Da er sich jedoch in Schweigen hüllt, nehmen sie an, dass unehrenhafte Gründe ihn hierher geführt haben und sie deshalb sofort auf dem Zweikampf bestehen. Er zuckt zusammen und sieht, dass die Zebrafinken unruhig werden und anfangen zu kreischen.

„Jawohl, wir bestehen auf diesem Kampf!"

Trotzig tritt einer vor ihn hin. Tartufo erschrickt. So einen Muskelprotz hat er überhaupt noch nie gesehen. Entsetzt weicht er einen Schritt zurück.

„Nein", schreit er, „ich will nicht mit euch kämpfen! Ich will nach Hause. ich will gar nicht bei euch bleiben. Mir gefällt euer System nicht!"

Lachend kommt der Kämpfer näher.

„Ich zerquetsche dich wie eine Filzlaus, du Dreikäsehoch!" Er geht in Angriffstellung und kommt drohend auf ihn zu. Die übrigen Zebrafinken rücken dichter zusammen und lassen Tartufo keine Möglichkeit, zu entkommen. Sie rücken enger und enger zusammen und kommen immer näher. Sie wollen sich das Schauspiel nicht entgehen lassen.

Tartufo betet. Er ist verloren! Was soll er nur tun? Ja, was kann er jetzt noch tun? „Oh liebes Zimtsternchen, wäre ich doch bei dir. Wie glücklich wäre ich!", denkt er verzweifelt. Er schreit und schreit und hört gar nicht mehr auf zu schreien ...

Da zupft ihn etwas am Ohr und murmelt: „Hast du einen Albtraum oder warum schreist du so?" Tartufo erschrickt. Was ist geschehen? Er öffnet seine Augen erst einen Spalt und dann ganz weit. Er ist in seinem Nestchen und Zimtsternchen beugt sich über ihn.

„Oh, du liebes Zimtsternchen, mein über alles geliebter Schatz, ich bin so froh, bei dir zu sein. Willst du mich heiraten?", haucht er. Sie schüttelt verwundert den Kopf und sagt: „Schlaf noch ein wenig, du bist ja noch gar nicht wach und redest nur Unsinn!"

Aber er drückt sie ganz fest an sich und findet: „Oh doch, ich bin wach und weiß auch, was ich sage. Aber du bist noch im Halbschlaf. Nachher sprechen wir über alles!" Zimtsternchen nickt schlaftrunken und ist sofort wieder eingeschlafen. Tartufo aber bleibt wach, denn er ist glücklich, dass er alles nur geträumt hat.

Trixie

Tartufo kann nicht umhin, die Blaumeisen zu bewundern. Wie elegant sie am Futterplatz landen und wie stolz sie auf dem Geländer sitzen! Außerdem sind sie bildschön. Er beobachtet schon seit ein paar Wochen ein ganz besonderes Paar. Er weiß nie, wer Männchen und wer Weibchen ist. Sie sind nur halb so groß wie ihre Verwandten, die Kohlmeisen.

Wenn diese jedoch die Erdnussaufhängung in Beschlag nehmen wollen und eine Blaumeise ist bereits da, gibt die Blaumeise das Futtersilo frei, verschwindet im Gebüsch oder auf dem nächsten Baum und wartet geduldig, bis die Kohlmeisen ihr Futter geholt haben und wieder verschwunden sind. Manchmal hängen sie auch wie Trauben an dem Spender, der mindestens Platz für sechs Vögel bietet. Meist sitzen die Kohlmeisen oben und die Blaumeisen unten und arbeiten sich dann langsam hoch.

Tartufos schönste Blaumeise hat ein besonders schmales Gesichtchen und ist so zierlich anzusehen. Er freut sich immer, wenn er sie sieht, obwohl sie ihn überhaupt keines Blickes würdigt.

Dafür ist sie sofort in der Nähe, wenn Große Mutter den Balkon betritt, die Silos auffüllt und die Reste auf dem Geländer und dem Glastischchen verteilt. Trixie weiß genau, dass es dann etwas zu schnabulieren gibt. Tartufo hat die Blaumeise einfach Trixie getauft, für ihren Mann ist ihm noch kein Name eingefallen, aber er sieht ihr so ähnlich, dass er ihn auch Trixie nennt.

Tartufo hat noch nicht begriffen, dass der Unterschied bei den Kohl- und Blaumeisen nur darin besteht, dass die Männchen einen langen schwarzen Balken in der Mitte vom Hals abwärts bis zum Popo haben, also einen breiten durchgezogenen Strich. Bei den Weibchen ist er wesentlich kürzer und schmaler, nicht so ausgeprägt, er reicht höchstens bis zum Bauch.

Trixie hat ihren Nachwuchs mitgebracht. Sie hat ihre beiden Zöglinge bestens eingewiesen und ihnen alles erklärt und gezeigt. Für ihre Jungen gibt es immer genug zu sehen und zu picken. Für Wasser und illustre Gesellschaft ist gesorgt.

Trixie ist so zahm und zutraulich, dass sie sich mit ihren Jungen unter dem Dach auf der Wäscheleine unterstellt, wenn es regnet. Tartufo kann sie dann ganz genau beobachten, denn sie sitzen direkt über ihm. Sie sind im Trockenen und der Futtertrog ist auch nur einen Flügelschlag entfernt. Tartufo gefällt diese angenehme Familie und er freut sich jedes Mal, wenn es regnet und sie Schutz suchen und sich hier unterstellen, bis der Regen vorbei ist.

Außer Trixies Familie hat sich auch noch eine Spatzenfamilie eingenistet. Till, ein besonders großer kräftiger Sperling und seine Frau, klein und zierlich, eine Heckenbraunelle. Wieder eine Mischehe wie bei der Starenfamilie. Auch bei Sperlings hat der Nachwuchs einige weiße Federn und ist damit in der Menge leicht auszumachen. Papa Sperling ist schlau, frech und immer zur Stelle, wenn es neues Futter gibt. Er hat seine Brut auch bestens betreut und sich mit den Gegebenheiten des Balkons und seiner Umgebung vertraut gemacht.

Tartufo gefällt die immer größer werdende Vertrautheit der einzelnen Vögel untereinander. Sie respektieren und vertragen sich. Es gibt keinen Streit und keine großen Rangeleien auf dem Balkon. Trotzdem wird die Hackordnung eingehalten, ohne besonders darauf hinzuweisen.

Zimtsternchen ist zu träge und faul für diese Bobachtungen. Sie hat genug mit sich selbst zu tun und freut sich, wenn mittags auf dem Balkon Ruhe einkehrt und sie ihre Siesta halten kann. Darauf wird streng geachtet. Zwischen 13 und 15 Uhr lässt sich kaum ein Vogel blicken. Alle halten ein Nickerchen und auch Große Mutter bleibt während dieser Zeit unsichtbar. Nur der Kolkrabe lässt sich blicken, wohl weil er weiß, dass sonst um diese Zeit niemand anzutreffen ist.

Aber nach 15 Uhr geht das Treiben wieder los. Manche Vögel sichtet Tartufo noch nach 20 Uhr, die meisten haben sich jedoch schon früher zurückgezogen und läuten durch ihren Gesang den Abend ein. Auch die Buchfinken sind weithin zu hören, bleiben jedoch unsichtbar, denn sie picken nur ein paar Körnchen und verschwinden schnell wieder. Tartufo hat bemerkt, dass die Buchfinken kleine Sämereien, so wie er sie mag, bevorzugen und auch ab und zu ein paar Erdnusssplitter. Hier hat Tartufo keine Schwierigkeiten, die Geschlechter zu unterscheiden. Ohne Frage ist das Männchen - wie so oft in der Vogel- und Tierwelt - das hübschere und viel farbenprächtigere.

Zufrieden schaut er an sich herab. Er ist mit seinem Federkleid mehr als zufrieden. Ein Bad würde ihm jetzt gut tun und danach kann er sich genüsslich putzen und seinem Zimtsternchen zeigen, wie hübsch und adrett er doch ist.

Geheimnisvolle Türkentaube

Es regnet schon seit Tagen. Tartufo und Zimtsternchen halten sich fast nur im Nest auf und Große Mutter beschließt, die beiden ins Haus zu bringen, wenn es weiterhin so regnet. Aber es ist warm genug. Alles ist grau in grau. Selbst Sissy kommt nur ganz kurz vorbei, kriegt kaum einen Gruß heraus, schnappt sich eine Erdnuss und ist auf und davon. Die Vögel sitzen versteckt in den Bäumen und versuchen, dem Regen zu entgehen.

Manche sind zum Auswringen nass. Es ist, als ob Petrus seine Schleusen geöffnet und den Schlüssel weggeworfen hat. Auch die Trixie-Familie ist vor dem Regen geflüchtet - wie immer - und sitzt geschützt auf der Wäscheleine.

Die Sonne ist auch verschwunden und lässt sich nur selten für einen kurzen Moment blicken, so, als wollte sie sagen: „Ich bin schon noch da, aber im Moment komme ich gegen diese Wasserflut nicht an!"

Tartufo findet alles trostlos und knabbert lustlos an der Kolbenhirse. Er schaut gelangweilt auf die niederprasselnden Tropfen. Da, was sieht sein Adlerauge! Am Fensterrahmen sitzt zusammengekauert eine Türkentaube. Bei näherem Hinschauen erkennt er sie wieder. Sie ist schon eine etwas ergraute alte Taube, die immer langsam und bedächtig ihre Körner pickt und stundenlang im Baum hockt. Ist sie krank? Oder verletzt? Hat sie Angst vor dem Regen? Ist sie taub oder blind?

Tartufo schießen viele Fragen durch den Kopf. Er sieht zu Zimtsternchen hinüber und deutet auf die Taube, die den Kopf auf den Rücken gedreht und den Schnabel in die Flügel gesteckt hat. Sie rührt sich nicht. Tartufo und Zimtsternchen haben endlich was zu tun und beobachten sie. Stundenlang sitzt die Taube an der gleichen Stelle und bewegt sich nicht. Andere Türkentauben kommen vorbei, aber niemand beachtet den in sich gekehrten, stillen Vogel.

Große Mutter betritt den Balkon und serviert Tartufo und Zimtsternchen einige Leckerbissen. Gespannt beobachten sie die Taube, sie rührt sich nicht. Jetzt ist Tartufo alles klar, sie ist verletzt und braucht Hilfe. Er schreit, so laut er kann, und schlägt mit den Flügeln. Die Taube reagiert auch jetzt nicht. Große Mutter wird auf sie aufmerksam und geht vorsichtig um sie herum. Sie geht zurück ins Zimmer und blickt auf sie durch das Fenster, um eine Verletzung zu erkennen. Aber sie kann nichts entdecken. Große Mutter entfernt sich und sieht ab und zu, ob die Taube noch da ist. Sie ist immer noch da und bleibt weiterhin unbeweglich sitzen.

Endlich kommt die Sonne wieder durch. Was für eine Wohltat! Tartufo reckt und streckt sich dem Sonnenstrahl entgegen. „Wie viel schöner der Tag doch ist, wenn die warmen Sonnenstrahlen meinen Körper berühren!", denkt er und dreht eine Runde.

Dann fliegt er auf eine Stange und kauert sich hin, er duckt seinen Kopf ganz nach unten und spreizt seine Flügel, so weit er kann, um jeden einzelnen Sonnenstrahl zu ergattern. Er nimmt ein Sonnenbad. Als Große Mutter ihn so das erste Mal gesehen hat, dachte sie, er würde sterben. Aber falsch gedacht, er wollte nur die Wärme der Sonne auf seinem Körper spüren!

Zimtsternchen bewegt sich und fliegt auf die Schaukel, um ein bisschen hin und her zu wippen. Beide sind so beschäftigt, Tartufo hat die Augen beim Sonnenbaden geschlossen und Zimtsternchen schaukelt, dass sie nicht bemerken, wie sich die Taube aufrichtet, nach allen Seiten sichert und mit einem „gurr gurr gurr gurr" davonfliegt.

Sie ist nicht krank, nicht verletzt und auch nicht taub. Sie hat nur ein trockenes Plätzchen gesucht und den Regen abgewartet. Jetzt hat es endlich aufgehört und die Sonne ist wieder da. Zeit für die Türkentaube, davonzufliegen. Als Tartufo und Zimtsternchen es bemerken, ist sie schon längst über alle Berge.

Putztag

Heute ist Putztag. Große Mutter schnappt sich ihre beiden und steckt sie in einen kleineren Käfig. Missmutig sitzen Tartufo und Zimtsternchen auf der Stange. Jetzt hat es sie wieder einmal erwischt. Gott sei Dank kommt diese Prozedur nur einmal im Monat vor! Große Mutter säubert den ganzen Käfig vom Boden bis unter das Dach und erneuert alle Futterstellen und auch den Sand. Sie wäscht die Leiter, alle Sitzstangen, die Schaukel und die Wasserschalen. Die großen Schubladen stellt sie ins Bad und lässt warmes Wasser darüber laufen und reinigt sie ohne chemische Mittel. Auch die Wassertropfen an der Badewannenschale werden gründlich entfernt und die Wannen mit frischem Wasser aufgefüllt.

Sie gießt frischen Sand in die Schubläden und besprenkelt den Boden mit Vogelgrit und Vogelpick, stellt ein kleines Fässchen mit frischen Halmen, Gräsern und Vogelmiere in die Mitte und steckt noch ein paar Salatblätter zwischen die Käfigstäbe.

Dann füllt sie die vier Futterbehälter mit Wildsämereien, Hirse, gebröseltem Zwieback und Fettfutter und hängt sie wieder auf. Sie verteilt auch einige Mehlwürmer und Maden am Boden.

Problematisch ist das Einfangen der Zebrafinken, um sie in den kleineren Käfig zu stecken. Tartufo macht immer eine große Sache daraus. Er tut dann so, als ginge es ihm an den Kragen und fliegt verzweifelt von einer Ecke in die andere, um dem Drama zu entkommen. Aber es nützt ihm nichts. Irgendwann schafft es Große Mutter, ihn einzufangen und in den anderen Käfig zu stecken. Immer ist er Vorreiter. Zimtsternchen ist diese Prozedur genauso unangenehm wie Tartufo, sie wehrt sich auch jedes Mal verzweifelt und versucht, Großer Mutter zu entkommen. Auch Große Mutter ist erleichtert, wenn sie die beiden schnell fangen und in den Zweitkäfig stecken kann.

Sofort nach Reinigung und Auffüllung der Futternäpfe dürfen die zwei zurück in ihre vertraute Umgebung. Dieser Schritt ist wesentlich leichter, denn Große Mutter hält den Zweitkäfig an die Öffnung für die Luxusbadewanne des Hauptkäfigs, öffnet die Tür des kleineren Käfigs und lässt sie hineinflattern. Auch hier ist immer Tartufo der Erste, der den Weg zurückfindet. Doch Zimtsternchen folgt ihm einige Sekunden später und flugs, sofort werden die Futterstellen inspiziert, die Leiter rauf und runter gehopst, der weiche Sand ausprobiert und die Kolbenhirse angepickt.

Tartufo spaziert am Käfigboden entlang und begutachtet die vielen kleinen Muschelstückchen, die Mineralien und weiß überhaupt nicht, wo er zuerst picken soll. Das Wasser ist so frisch, dass es zum Planschen einlädt. Zimtsternchen empfindet ebenso und so kommen sie sich ins Gehege, aber Tartufo lässt ihr natürlich als Gentleman sofort den Vortritt.

Danach sitzen sie gemütlich auf ihrer Stange und putzen sich. Nach einer Weile bekommen sie wieder Appetit und spazieren am Boden entlang. Da, ein dicker, fetter Mehlwurm! Tartufo will ihn eifrig aufpicken, als Zimtsternchen dem verdatterten Tartufo blitzschnell den Wurm wegnimmt und genüsslich verzehrt. Tartufo bekommt einen Wutanfall, doch sie bedeutet ihm zu schweigen. Sie schluckt die Reste des Wurms hinunter und sagt so ganz nebenbei: „Du hast die Wette verloren, denn du hast vergessen, die Spatzen und Blaumeisen zu erwähnen. Deshalb gehören mir die Mehlwürmer. Du wolltest ja wetten und jetzt musst du dich fügen." Tartufo ist verblüfft, er hat die Wette längst vergessen und schmollt. Aber - und da ist er ehrlich, wenn Zimtsternchen Recht hat, hat sie Recht - er kann sich nicht erinnern.

Er lässt das nicht auf sich sitzen, holt das Vergessene schnell nach und plappert sofort los: „Ganz einfach, Zimtsternchen, die Blaumeisen mögen dasselbe Futter wie die Kohlmeisen und Spatzen, sie bevorzugen Körner, Reis, Kartoffeln und Haferflocken, mögen aber auch Erdnüsse, Sonnenblumenkerne, Weintrauben, Rosinen, Würmer und Insekten, selbstverständlich auch Brotkrümel und Käse!"

„Ja", entgegnet Zimtsternchen, „Brot mögen sie alle und du hast es bei den anderen Vögeln vergessen zu erwähnen!"

„Aber nur Weißbrot, das dunkle kann Magenschmerzen und Schlimmeres verursachen, denn es enthält Sauerteig. Im Winter kann das tödlich ausgehen, deshalb immer nur Weißbrot. Die Stare, Amseln, Tauben, Elstern, Kolkraben, Eichelhäher, Rotkehlchen, Buchfinken, Grünfinken und so weiter picken alle die Brotkrümel auf!"

Tartufo runzelt seine Stirn. Hat er das wirklich vergessen? Merkwürdig, denn er pickt auch sehr gerne an einem harten oder eingeweichten Brötchenstück, das fast immer im Käfig zu finden ist. Aber er mag ab und zu auch gern etwas Süßes, ein kleines Stückchen trockenen Kuchen verschmäht er nie.

Da er die Wette verloren haben soll, fügt er sich und sie einigen sich darauf, dass heute und morgen Zimtsternchen seine und ihre Portion Mehlwürmer und Maden komplett für sich beanspruchen darf. Missmutig hat Tartufo diesem Abkommen zugestimmt und fügt sich, denn er frisst sie für sein Leben gern und Große Mutter rationiert sie immer, denn sie hat Angst, dass ihre Lieblinge zuviel Proteine bekommen und zu fett werden.

Tartufo hat verloren und muss deshalb auch die Konsequenz tragen.

Zimtsternchen lächelt in sich hinein. Als Große Mutter schließlich am nächsten Tag mit den heißersehnten Mehlwürmern und Maden kommt, überlässt er Zimtsternchen alles und sie schnabuliert und schmatzt, dass es Tartufo vor Hunger und Kummer fast schlecht wird. Sie pickt eine nach dem anderen an und schleudert eine weg, dann sammelt sie sie wieder auf, lässt sie genüsslich von einer Seite zur anderen durch den Schnabel gleiten, so, wie man eine gute Zigarre prüft und frisst sie schließlich auf. Aber Zimtsternchen hat längst bemerkt, wie Tatufo leidet und gibt ihm großzügig zwei Würmer ab. Er bemächtigt sich ihrer und verschlingt sie so gierig, dass er sich verschluckt und sie ihm auf den Rücken klopfen muss. Da muss er über seinen Unverstand lachen und knufft Zimtsternchen zufrieden in die

Seite. Mit sich und der Welt vereint, sitzen sie auf ihrer Lieblingsstange eng aneinandergeschmiegt und sehen der untergehenden Sonne zu.

Große Mutters Heimkehr

Große Mutter ist verreist, zehn lange Wochen! Tartufo und Zimtsternchen haben sie eine Zeitlang vermisst. Dann nimmt das Leben auf dem Balkon wieder seinen gewohnten Lauf und bereits nach einer längeren Weile haben sie Große Mutter ganz vergessen.

Als sie endlich heimkehrt, freut sich Große Mutter, ihre Zebrafinken wieder zu sehen, aber Tartufo und auch Zimtsternchen flattern aufgeregt im Käfig umher, als sie sich ihnen vorsichtig nähert. „Was für ein Störenfried ist das schon wieder!", denkt Tartufo ärgerlich und lässt ein Hirsekorn fallen. Auch Zimtsternchen erkennt Große Mutter nicht mehr. Sie versucht, die Erkennungsmelodie zu pfeifen, aber sie ist ihr entfallen. Niedergeschlagen geht sie ins Haus zurück. Sie ist so müde von der Reise und verschiebt die Annäherung auf morgen. Sie legt sich schlafen und auch für Tartufo und Zimtsternchen ist es Zeit, sich zurückzuziehen, denn es wird schon früh dunkel. Sie beraten noch eine Weile, wer das wohl war, bevor sie auch in ihr Nest schlüpfen und einem neuen Tag entgegenschlafen.

Am nächsten Morgen ist Große Mutter schon früh auf den Beinen und beobachtet vom Zimmer aus das Treiben auf dem Balkon. Wie hat sie alle ihre Schützlinge vermisst! Ihr ist die Zeit sehr lang geworden und jetzt muss sie feststellen, dass sie nicht mehr weiß, wie sich Sissy und Adam und alle die anderen voneinander unterscheiden. Wie glücklich war sie, wenn sie auf Anhieb wusste, wer im Anflug war und jetzt ... Große Mutter ist betroffen! Oder sind das alle Neusiedler, die sie noch gar nicht kennt? Sie ist ratlos und beschließt, Tartufo und Zimtsternchen ihre morgendlichen Happen zu servieren. Entschlossen betritt sie den Balkon und nähert sich den beiden. Sie beginnt zu pfeifen und siehe da, die Melodie fällt ihr wieder ein.

Tartufo und Zimtsternchen verharren regungslos auf ihrer Stange und blicken verdutzt drein. Die Melodie kennen sie doch von irgendwoher? Sie begreifen noch nicht, aber auf einmal geht Tartufo ein Licht auf, es ist Große Mutter, natürlich! Schon fängt er an zu trällern und lässt laute Begrüßungslaute los und schwingt sich vor Freude sogar auf die Schaukel. Jetzt gibt es bald auch wieder seine heißgeliebten Mehlwürmer und Maden! Eigentlich mag er die Maden noch lieber, denn die sind schon ohne Panzer, obwohl Große Mutter die Mehlwürmer auch oft ohne Panzer serviert. Aber ab und zu ist doch einer mit Panzer dabei und den muss er erst entfernen, bevor er sich genüsslich dem Inneren zuwenden kann.

Auch Zimtsternchen weiß jetzt wieder, wer vor ihr steht, aber sie kann ihre Freude nur verhüllt zeigen, sie ist in dieser Beziehung viel introvertierter als Tartufo. Große Mutter ist gerührt, ihr kommen die Tränen. Sie geht um den Käfig herum und pfeift und pfeift und pfeift, bis ihr die Luft wegbleibt. Dann stellt sie ihnen frische Vogelmiere hin und Zimtsternchen stürzt sich mit einem wahren Elan auf die frischen jungen Pflänzchen. Sie zieht ein Blättchen nach dem anderen heraus und lässt es sich schmecken. Ja, sie springt sogar auf das Wasserfässchen und nimmt ein paar Schlückchen. Das macht sie eigentlich immer, als wenn dieses Wasser besser schmecken würde! Na, vielleicht ist es auch so. Dann schwingt sie sich empor auf ihre heißgeliebte Schaukel und wippt zufrieden hin und her. Auch Tartufo nascht an den grünen Blättchen und stolziert ein paar Mal auf der Leiter herauf und herunter.

Die anderen Vögel merken auch, dass es eine Veränderung gegeben hat, denn sie spüren die Gelöstheit der beiden und schließen sich ihrer Heiterkeit an und schon bald kann Große Mutter beobachten, wie Sissy und Adam sich um die Erdnüsse raufen. Auch Trixie und Methusalem, ja alle ihre Freunde sind da, und sie hat keine Mühe mehr, sie wiederzuerkennen.

Aus dieser Laune heraus beschließt Große Mutter, eine Riesenportion Mehlwürmer für alle zu spendieren, sozusagen als Einstandsparty.

Sie verteilt auch Haferflocken, Rosinen, Erdnüsse und Mengen von Sonnenblumenkernen, füllt alle Außenschalen mit frischem Wasser auf und vergisst auch nicht die extra Körner für die Buchfinken und Rotkehlchen. Dann geht sie zurück ins Haus und beobachtet ihre gefiederten Freunde durch die Scheibe.

Wie schön, sie kann sich gar nicht satt sehen und freut sich, wieder zu Hause zu sein und alle wohlbehalten anzutreffen. Sie verbringt einige Stunden so. Und Tartufo? Er nimmt aus lauter Begeisterung mehrmals ein Bad und planscht und spritzt und ist so übermütig, dass er auch Zimtsternchen aus der Reserve lockt und mit seiner Heiterkeit ansteckt.

Heute ist wirklich ein besonderer Tag und auch die Sonne sieht schmunzelnd herunter und schickt warme Strahlen auf die Erde. Es ist ein Tag wie aus dem Bilderbuch.

Tartufo pfeift und singt mit so einer Inbrunst, dass selbst Zimtsternchen mit einstimmt und sie nahezu eine Operette kreieren, obwohl Zimtsternchen eigentlich nur gackern kann.

Viel zu schnell vergeht der Tag, und es ist Zeit schlafen zu gehen. Erschöpft und zufrieden geht für Tartufo und Zimtsternchen dieser Tag zu Ende. Zärtlich wünscht er ihr „Gute Nacht" und drückt sie ganz eng an sich. Dicht aneinander geschmiegt schlafen sie ein.

Ein neuer Tag beginnt. Wieder voller Sonne. Das Leben ist wunderschön! Tartufo trällert und flötet in seiner größten Lautstärke. Alle sollen ihn hören. Zimtsternchen gefällt es und sie schließt sich seinem Gesang an. Ihre Welt is in wieder Ordnung und sie genießen jede Sekunde ihres Daseins. Viel zu schnell verfliegt die Zeit ...

Am Nachmittag beschließt Große Mutter, den Käfig zu säubern. Sie muss in den sauren Apfel beißen und die zwei einfangen. Aber das ist heute ein besonders schwieriges Unterfangen. Tartufo und Zimtsternchen verstehen überhaupt nicht, was mit ihnen geschieht, und sie versuchen voller Angst und Schrecken, sich zu verstecken, um dem Anschlag zu entgehen.

Es kommt Große Mutter wie eine Ewigkeit vor, bis es ihr endlich gelingt, die beiden einzufangen und in den anderen Käfig zu schubsen. Zur Erleichterung hängt sie ihnen sogar ihr Nestchen hinein und versucht, in Windeseile den Käfig zu säubern, damit die zwei wieder in Harmonie leben können.

Sie füllt den Boden mit glitzerndem Sand auf, streut Vogelpick und Vogelgrit hinein, füllt frisches Wasser in die blitzblank geputzte Badewanne und in ihren Futternapf, erneuert die verschiedenen Samen, hängt zwei neue Hirsekolben auf, reinigt die Leiter und legt ihnen noch einen großen Lavastein auf den Boden.

Zufrieden will sie nun ihre beiden Lieblinge in ihr Reich entlassen und öffnet die Voliere. Sie drückt den Zweitkäfig eng an die Öffnung heran, öffnet auch hier die Tür und fordert sie auf, wieder in ihr Paradies zurückzukehren. Aber merkwürdigerweise reagieren sie überhaupt nicht. Sie bleiben wie angeleimt auf der Stange sitzen.

Große Mutter schüttelt den Kopf - wieso machen sie keine Anstalten, in den anderen Käfig zu fliegen? Sie versteht es nicht und versucht, sie zu motivieren, aber nichts geschieht. Plötzlich glaubt sie, den Grund zu wissen. Ihr Nest ist ja noch in dem Reservekäfig!

Schnell holt sie es heraus und hängt es an der alten Stelle auf. Dann versucht sie erneut, die Zebrafinken dazu zu bewegen, ihr Domizil zu verlassen. Leider ohne Erfolg. Sie holt Mutti und beide beratschlagen, was zu tun ist. Sie versuchen gemeinsam, die zwei in den Käfig zu schubsen - sie reagieren nicht! Tartufo und Zimtsternchen sind total verwirrt und haben große Angst. Es ist schon lange her, dass sie aus dem Käfig mussten, denn Mutti hat zwischenzeitlich den Käfig nicht gesäubert, da sie Angst hatte, die beiden würden davonfliegen.

Sie flattern aufgeregt hin und her und begreifen nicht, was von ihnen verlangt wird. Aber es soll noch stressiger werden.

Große Mutter streckt ihre Hand hinein und versucht, Tartufo aufzuscheuchen und durcheinander zu wirbeln und das gelingt ihr auch. Tartufo stößt einen Schreckensschrei nach dem anderen aus und auch Zimtsternchen ist blass um die Nase. Große Mutter gehen diese Schreie durch Mark und Bein. Sie bekommt Zimtsternchen zu fassen und will sie durch die Öffnung in den anderen Käfig drängen. Aber Zimtsternchen flattert hoch und steckt fest. Aber wohin ist sie entflogen? Sie ist in Panik und unglücklicherweise zwischen beide Öffnungen geraten. Als Große Mutter das bemerkt, erschrickt sie fürchterlich und versucht sofort, Zimtsternchen nach unten in den Käfig zu drücken. Nach einigen Schrecksekunden gelingt es ihr auch. Sie ergreift Zimtsternchen und lässt sie in den großen Käfig gleiten. Große Mutter zittert vor Schreck und Anstrengung.

Tartufo ist außer sich. Was ist eigentlich los? Er fliegt verzweifelt hin und her und sucht Zimtsternchen. Vor lauter Aufregung hat er gar nicht mitbekommen, dass sie längst sicher im Käfig auf ihn wartet. Große Mutter hat ihren Schreck auch noch nicht überwunden, denn um ein Haar hätte sie Zimtsternchen aus Versehen zerquetscht.

Große Mutter versucht jetzt mit aller Gewalt, Tartufo zu fangen und zu ihr zu bringen, aber es gelingt ihr erst nach weiteren Schrecksekunden. Dann lässt Tartufo sich fangen und hinüberschubsen. Er flattert auf den Boden und duckt sich. Ganz klein und völlig verängstigt schaut er zu Großer Mutter empor. Sie schließt hurtig die Käfigtür und ist sichtlich erleichtert, dass beide wieder da sind, wo sie hingehören. Tartufo bleibt am Boden kleben. Zimtsternchen hat sich in die Höhe geschwungen und sitzt auf einer Stange wie festgewachsen und es dauert eine ganze Weile, bis Tartufo begriffen hat, wo er ist.

Es ist dunkel geworden und er kann kaum noch etwas sehen. Große Mutter hat sich mit Mutti zurückgezogen. Es ist still auf dem Balkon und Zeit, schlafen zu gehen. Tartufo ist völlig verwirrt und will nur noch ausruhen. Er rafft sich auf und fliegt ins Nest und hofft, Zimtsternchen würde folgen. Aber sie bleibt unbeweglich auf der Stange sitzen. Tartufo fliegt zu ihr hin und bittet sie, ihm ins Nest zu folgen. Sie sitzt wie erstarrt und gibt keinen Ton von sich. Tartufo gibt auf und legt sich schlafen.

Komisch, auf einmal ist so viel Platz im Nest, er weiß gar nicht, wie er sich legen soll. Endlich schiebt er sich in die Mitte und bevor er noch weiter grübeln kann, ist er eingeschlafen.

Er wacht auf und sieht sich um. Er ist allein im Bett. Verwundert und erschreckt blickt er sich um. Wieso ist Zimtsternchen nicht da? Hurtig lugt er aus dem Nest und erspäht Zimtsternchen. Sie sitzt noch immer auf der Stange und bewegt sich nicht. Er fliegt auf sie zu, platziert sich neben sie und begrüßt sie liebevoll.

Unmutig schaut sie ihn an. Sie ist schlecht gelaunt und kann nicht verstehen, dass er sie die ganze Nacht allein gelassen hat. Ihr war der Schreck so in die Glieder gefahren, dass sie nicht in der Lage war, so mir nichts dir nichts ins Nest zu hopsen und so zu tun, als wäre alles in Ordnung. Deshalb blieb sie draußen sitzen und hat über das Geschehene nachgedacht. Aber viel ist ihr dazu nicht eingefallen. Alles ging so schnell und sie weiß überhaupt nicht mehr, was geschehen ist. Vorsichtig bewegt sie ihre Glieder und versucht, die Flügel zu spannen. Ist sie verletzt? Alles funktioniert und sie verspürt auch keinen Schmerz. Noch mal Glück gehabt oder hat sie alles nur geträumt? Sie sitzt noch immer bewegungslos auf der Stange, als Große Mutter mit Mehlwürmern und Maden erscheint. Tartufo stürzt sich darauf und sie weiß, wenn sie sich jetzt nicht in Bewegung setzt, bleibt nichts übrig.

Also verlässt sie ihren Platz und fliegt in die Tiefe, direkt auf Tartufos Rücken. Das gefällt ihm überhaupt nicht und er jagt sie einmal um die Leiter. Auch er ist nicht besonders gut gelaunt, weil sie ihn die ganze Nacht allein gelassen hat.

Aber jetzt frühstücken sie erst einmal, denn Appetit haben beide. Genüsslich lassen sie es sich schmecken und nach dem opulenten Mahl sind sie wieder ein Herz und eine Seele. Zimtsternchen ist so müde, dass sie beschließt, ein Nickerchen zu machen. Tartufo lässt sich nicht zweimal bitten und so verschwinden beide nach oben und lassen sich wohlig in ihrem kuscheligen Bett nieder. Jetzt ist ihre Welt wieder in Ordnung und zufrieden schlafen sie in den Tag hinein.

Große Mutter beobachtet die beiden nachdenklich durch die Scheibe. Es muss einen leichteren Weg geben, die Finken einzufangen. und da kommt ihr eine Idee. Wenn sie das nächste Mal den Volierenkäfig saubermacht, wird sie den Käfig in die Küche schieben, das Rollo bis auf einen Spalt herunterlassen und die zwei dann in aller Ruhe von der Stange nehmen und in den anderen Käfig tragen.

Sie weiß, dass diese Exoten, wie auch andere Vögel auch, im Dunkeln schlecht sehen können und so ist niemand diesem Stress noch einmal ausgesetzt! Zufrieden lächelnd wendet sie sich ihrer Arbeit zu und freut sich über ihren genialen Einfall.

Grand Malheur

Es ist ein sonniger Freitag im November. Große Mutter beschließt, ihre beiden Lieblinge noch einmal auf den Balkon zu bringen. Sie waren den ganzen Oktober draußen. Aber ab und zu holt sie sie jetzt ins Haus und stellt sie im Flur ans Fenster. Da ist es gemütlich warm und Tartufo und Zimtsternchen können weiterhin das Leben in der freien Natur verfolgen.

Heute genießen sie es wieder einmal, den Tag inmitten ihrer Freunde auf dem Balkon zu verbringen. Es ist wie immer. Tartufo schmettert seine Arien voller Freude und Lust hinaus und Zimtsternchen schwingt vergnügt auf der Schaukel hin und her. Sie bekommen noch ein kleines Sträußchen Vogelmiere in den Käfig unter die Leiter gestellt und so wird es für die zwei ein vergnüglicher Tag.

Auch die Blau- und Kohlmeisen, Hänflinge und Sperlinge fliegen unentwegt hin und her und holen sich ihre Leckerbissen, die Große Mutter für sie bereitgestellt hat.

Inzwischen ist es Nachmittag geworden. Noch immer scheint die Sonne und so beschließt Große Mutter, ihnen noch eine halbe Stunde zu gönnen, bevor sie Tartufo und Zimtsternchen wieder hereinholt.

Auf einmal hört sie ein Geräusch. Große Mutter kann von ihrem Standplatz nur die rechte Hälfte des Käfigs sehen und so bemerkt sie, dass Tartufo und Zimtsternchen heftig hin und her fliegen. Ein Sperling hat sich auf dem Käfighimmel niedergelassen und die beiden vermutlich so erschreckt, dass sie verstört aus dem Nestchen herausschießen. Tartufos Brust hebt und senkt sich so sehr, dass Große Mutter schmunzelt, so aufgeregt ist er. Zimtsternchen ist nicht mehr zu sehen, wahrscheinlich ist sie schon wieder ins Nest gehüpft. Tartufo hört jedoch nicht auf zu schreien und fliegt weiterhin aufgeregt hin und her, ja er fliegt direkt an die inneren Käfigstäbe und ist völlig verstört.

Beunruhigt geht Große Mutter auf den Balkon, um nachzusehen. Und da sieht sie das große Malheur! Das kleine Nebentürchen ist auf und Zimtsternchen verschwunden! Große Mutter erschrickt.

Gleich wird es dunkel und sie gerät in Panik. Sie hatte eine Kolbenhirse außen an den Käfig geklemmt und durch den Druck ist vermutlich das Türchen einen Spalt aufgegangen. Schnell schließt sie es und entfernt die Kolbenhirse. Sie fängt an zu pfeifen und siehe da, Zimtsternchen kommt zurück und sitzt auf dem Erdnussschälchen außen am Käfig und unterhält sich mit Tartufo. Große Mutter nimmt ihr Staubtuch. Ihr zittern die Knie.

Sie wedelt, doch oh weh, Zimtsternchen fliegt unter ihr davon. Verzweifelt pfeift sie immer wieder die Erkennungsmelodie und auch Tartufo flötet aus vollem Hals.

Und oh Wunder, Zimtsternchen ist wieder da. Aber auch dieses Mal gelingt es Große Mutter nicht, sie ins Zimmer zu bekommen. Sie verrückt den Käfig etwas mehr ins Innere der Wohnung und wartet auf ein weiteres Wunder. Inzwischen ist es schon fast dunkel und Große Mutter hat kaum noch Hoffnung. Doch siehe da, Zimtsternchen erscheint ein drittes Mal, fliegt an den Käfig heran und setzt sich wieder auf die Erdnussschale. Große Mutter weiß, wenn es ihr jetzt nicht gelingt, sie weiter ins Zimmer zu treiben, ist es hoffnungslos. Sie beschließt, das Rollo an der Tür herunterzulassen, damit sie nicht wieder ausreißen kann und fast hätte sie es geschafft. Zimtsternchen fliegt ins Zimmer, aber in allerletzter Sekunde ganz unten zur Tür wieder hinaus!

Große Mutter ist entsetzt und böse auf sich, dass sie sich so tollpatschig verhalten und das Rollo nicht ganz heruntergelassen hat. Hätte sie einfach abgewartet, bis es noch dunkler geworden wäre und Mutti gebeten, ihr behilflich zu sein! Sie brauchte dann nur den Käfig etwas mehr ins Innere zu ziehen, die Tür zu schließen und im selben Augenblick das Licht anzumachen, dann wäre Zimtsternchen mit Sicherheit ins Helle und nicht ins Dunkle geflogen, denn Vögel fliegen grundsätzlich ins Helle und nie ins Dunkle!

Auch Tartufo versteht seine Welt nicht mehr und lässt sich ohne weiteres einfangen, als Große Mutter ihn in den kleineren Käfig steckt und ihn dann wieder samt Käfig in den großen hineinbugsiert.

Sie öffnet alle Türen des großen Käfigs und hofft inständig, Zimtsternchen würde noch einmal auf den Balkon zu Tartufo zurückkehren. Aber nichts geschieht. Inzwischen ist es so dunkel geworden, dass sie kaum noch ihre Hand erkennen kann.

Sie weiß, dass sie morgen vielleicht noch eine Chance hat.

Große Mutter läuft trotzdem noch viele Male auf den Balkon, um nachzusehen, es ist Totenstille. Auch Tartufo sitzt wie angegossen auf seiner kleinen Stange und muckst sich nicht. Große Mutter lässt vom Schlafzimmer die Rollos oben und schläft ganz unruhig. Es ist zunehmender Mond und die ganze Nacht wird es nicht so richtig dunkel. Außerdem brennt vor ihrem Fenster ein Straßenlicht. Alle 20 Minuten schaut Große Mutter zum Fenster hinaus und betet, dass es keinen Frost gibt. Sie weiß ja, wie empfindlich Zebrafinken sind. Tartufo ist in Sicherheit in seinem flauschigen Nestchen, aber das arme Zimtsternchen, wo mag sie nur sein? Hilflos blickt sie in die Nacht. Da fällt ihr ein, dass Tartufo gar nicht in seinem Nestchen liegen kann, denn sie hat ihn ja in dem kleinen Käfig eingesperrt.

Endlich ist es Morgen. Flugs steht sie auf und schaut hinaus. Es ist kein Vogel zu sehen. Es ist noch nicht einmal 5 Uhr. Tartufo sitzt niedergeschlagen am Boden seines kleinen Käfigs und schaut sie verzweifelt an. Sie blickt auf das Dach des Hauses gegenüber. Dort liefern sich vier Amseln ein Gefecht.

Noch etwa eineinhalb Stunden vergehen, dann hüpft Tartufo endlich auf eine Stange. Sofort begibt sich Große Mutter auf den Balkon und beginnt zu pfeifen, auch Tartufo singt eine Arie. Von Zimtsternchen ist weit und breit nichts zu sehen oder zu hören.

Große Mutter überlegt, ob sie die Blau- und Kohlmeisen heute auf dem Balkon füttern soll oder lieber einen neuen Futterplatz aussuchen, damit sie Zimtsternchens Rückkehr nicht gefährden. Sie nimmt den Tisch und die Schalen und verlegt die Futterstelle um einige Meter.

Tartufo gefällt sein enger Käfig nicht. Er fliegt unruhig hin und her. Große Mutter kann ihn gut verstehen, aber es ist im Moment nicht zu ändern. Als sie den Käfig betrachtet, fällt ihr ein weiterer Fehler auf, den sie begangen hat. Hätte sie die Erdnussschalen außen am Käfig entfernt, hätte Zimtsternchen oben auf dem Dach Platz nehmen müssen und es wäre ihr eher gelungen, sie mit dem Staubtuch ins Zimmer zu wedeln. Traurig und verstört entfernt sie die Schälchen und läuft auf dem Balkon auf und ab, ob sie etwas von Zimtsternchen sieht oder hört.

Langsam schleicht der Tag dahin. Tartufo ist verstört und er trauert. Wo ist sein über alles geliebtes Zimtsternchen? Er ist verzweifelt und verweigert die Nahrung. Wieso sitzt er eingepfercht in diesem Gefängnis inmitten seines anderen Geheges?

Große Mutter hat die Badewanne von dem großen Käfig entfernt und eine Leiter als Anflugschneise so angebracht, dass Zimtsternchen direkt in ihr Paradies fliegen kann. Große Mutter liegt auf der Lauer, denn wenn sie im Käfig ist, muss sie ihn sofort schließen. Aber von Zimtsternchen ist weit und breit keine Spur. Lebt sie überhaupt noch? Große Mutter darf an diese Möglichkeit überhaupt nicht denken.

„Wo ist meine Königin?", denkt Tartufo. Inzwischen ist es schon 12 Uhr mittags.

Große Mutter überlegt. Soll sie Tartufo eine neue Spielgefährtin kaufen? Es ist Samstag und in einer Stunde schließen die Läden. Sie ist unsicher und entschließt sich, noch 30 Minuten zu warten. Die Zeit vergeht und kein Zimtsternchen lässt sich blicken. Traurigen Herzens schließt Große Mutter den Käfig und steigt um 12.45 Uhr ins Auto, um ein neues Weibchen zu kaufen. Sie hat nur zwei zur Auswahl - keine zimtfarbenen, sondern graue.

Große Mutter nimmt eine und Rosenrot, diesen Namen hat sie sich für sie ausgedacht, sitzt heftig tretend neben ihr auf dem Sitz, selbstverständlich in einem kleinen Pappkarton. Große Mutter erinnert sich, dass vor sechs Monaten Zimtsternchen neben ihr saß und wie die zwei sich vom allerersten Augenblick an verstanden haben. Sie hofft, dass Tartufo auch Rosenrot akzeptiert, hat aber ihre Zweifel.

Rosenrot ist gerade sieben Wochen alt und Tartufo vermutlich schon ein Jahr, so ganz genau weiß sie ja nicht, wie alt er war, als er sich entschloss, auf Weltreise zu gehen. Große Mutter hat das Gefühl, einen Stein im Magen zu haben, so sehr belastet sie der Umstand, dass Zimtsternchen verschwunden ist und sie hofft immer noch auf ein Wunder. Im Zoogeschäft hat sie ausgemacht, Rosenrot zurückzubringen, falls Zimtsternchen wieder auftaucht.

Mit Spannung betritt sie den Balkon, vielleicht ist Zimtsternchen längst wieder da und wartet auf ihre Mehlwürmer. Doch
sie wird herb enttäuscht. Nur Tartufo sitzt unruhig auf einer
Stange und lässt sein Köpfchen hängen. Er trauert, das sieht
Große Mutter gleich und sie hat kaum noch Hoffnung, dass
Zimtsternchen zurückkommt. Wo ist sie nur? Traurig blickt sie
auf Tartufo und entschließt sich, ihn aus dem kleinen Käfig zu
befreien und wieder in sein Gehege zu stecken. Falls Zimtsternchen kommt, hat Große Mutter bereits eine gute Strategie ent-
wickelt, wie sie es schaffen will, sie wieder einzufangen.

Sie fängt den willenlosen Tartufo ein und lässt ihn wieder in
seiner gewohnten Umgebung frei. Glücklicherweise ist es nicht
sehr kalt und Große Mutter kann ihn draußen auf dem Balkon
lassen. Sie blickt Tartufo an. Er sitzt zusammengesunken auf
seiner Lieblingsstange und sieht sie mit seinen schwarzen Äuglein fragend an. Ihr krampft sich der Magen zusammen, als sie
ihn so sieht. Sie pfeift die Erkennungsmelodie. Da zuckt Tartufo
zusammen und dreht sich suchend um. Wo ist Zimtsternchen,
wo nur? Er schreit und schreit. Er schmettert seinen Schmerz
so laut hinaus ... und sein Zimtsternchen antwortet nicht. Für
ihn ist die Welt zusammengebrochen. Er weint und trauert. Er
frisst nicht und lässt die Flügel hängen, ein Bild des Jammers.
Große Mutter beschließt, noch bis morgen zu warten, Vielleicht
kommt Zimtsternchen doch noch zurück. Sie steckt Rosenrot in
den kleineren Käfig und bringt ihn zu ihren Eltern nach unten.
Auch Große Mutter ist traurig, der Tag geht zu Ende.

Tartufo hockt trübsinnig im Käfig und ist unfähig, sich ins
Nest zurückzuziehen. Er verbringt die Nacht auf einer Stange
und starrt ins Leere.

Rosenrot

Große Mutter steht auf dem Balkon und blickt unschlüssig auf Tartufo. Soll sie Rosenrot einfach zu ihm in den Käfig stecken oder erst einmal in den kleinen Käfig nebendran, damit sie zuerst nur Blickkontakt haben?

Tartufo wirkt so zerknirscht und traurig, dass sie beschließt, das Wagnis einzugehen und will Rosenrot hineinschubsen. Aber sie verlässt den Pappkarton nicht. Große Mutter muss sie ergreifen und in den Käfig hineinflattern lassen und Rosenrot trudelt hinein, direkt auf den Boden. Tartufo krächzt und fliegt zu ihr hin. Voller Freude will er Zimtsternchen begrüßen, da merkt er, dass sie es überhaupt nicht ist.

Entsetzt fliegt er nach oben und schreit wie ein Wahnsinniger. Er verzieht sich ins Nest und lässt einen weiteren Schrei los. „Oh, mein Gott", denkt er, „was für eine Vogelscheuche!" Angewidert verweilt er im Nest.

Rosenrot ist ungeschickt, ängstlich und weiß nicht, wo sie ist und was sie hier soll. Sie flattert hilflos von einer Ecke in die andere und schafft es kaum, eine Stange zu erreichen. Sie stürzt und trudelt ab. Sie knallt gegen die Schaukel und versteht nicht, was mit ihr geschehen ist. Sie kommt aus einem wesentlich kleineren Käfig und vermisst ihre drei Mitbewohner. Sie schreit aus tiefster Not in so schrillen Tönen, dass auch Große Mutter zusammenzuckt und sich Sorgen macht. Erst jetzt wird auch ihr klar, was für eine Königin, ja wie souverän Zimtsternchen war, nein, ist!, verbessert sie sich in Gedanken sofort. Denn sie hofft noch immer, dass sie wohlbehalten zurückkehrt, zu ihrem Liebsten, ihrem König Tartufo, der sie bedingungslos liebt und verehrt und mit Rosenrot überhaupt nichts anzufangen weiß.

Rosenrot geht Tartufo auf den Geist, aber zumindest wird er von seinem Schmerz abgelenkt und er hat etwas zu tun. Er versucht immer wieder, Rosenrot auszuweichen, die verzweifelt versucht, Kontakt aufzunehmen. Sie ist so ungeschickt und so ungelenk, dass Tartufo das Grausen bekommt und er schreit genauso verzweifelt wie Rosenrot.

Große Mutter möchte ihr Leid auch hinausschreien, aber sie bleibt stumm. Dafür kommen ihr die Tränen und sie verwünscht sich für ihre Dummheit, dreimal die Chance vertan zu haben, Zimtsternchen festzuhalten. Sie hat dazu gelernt und weiß jetzt, was zu tun ist, wenn wieder einmal so eine Situation auftritt. Sie wird ganz einfach den Käfig halb drin und halb draußen lassen, abwarten, bis der Vogel sich auf das Dach setzt und ganz einfach den Käfig in das Zimmer hineinschieben. Er wird sitzen bleiben und sie wird dann schnell die Tür schließen. Sie braucht nur zur Nebentür hinausgehen und von außen die Türe schließen. Leider ist sie erst durch dieses Malheur auf die Idee gekommen.

Die Zeit vergeht und es wird dunkel. Tartufo und Rosenrot fliegen noch immer im Käfig umher, sie haben beide kein Interesse aneinander und versuchen, sich aus dem Weg zu gehen. Tartufo spürt fast körperlich, wie ungeschickt sie ist. Außerdem ist sie hässlich und spindeldürr. Sehnsüchtig wünscht er sich sein Zimtsternchen zurück und ist in Gedanken so sehr mit ihr beschäftigt, dass er gar nicht bemerkt, wie er immer wieder an das Gitter fliegt und sich verletzt. Er spürt es nicht in seinem seelischen Schmerz. Er hat heute überhaupt nichts gefressen und ist auch gar nicht hungrig. Er fühlt sich ausgebrannt und leer und würde am liebsten davonfliegen, um Zimtsternchen zu suchen.

Auch Rosenrot ist verschreckt von Tartufos Ausbrüchen und spürt seine ablehnende Haltung. Wie oft sind sie schon zusammengeprallt, wenn sie versuchten, die Seiten zu wechseln. Rosenrot verkrampft sich immer mehr. Tartufo denkt nur: „Du dumme Pute, geh mir aus dem Weg und lass mich in meinem Schmerz allein!"

Große Mutter beobachtet alles mit Schrecken. Was kann sie nur tun, um ihnen zu helfen? Sie fühlt sich ausgebrannt und erschöpft wie die beiden. Sie geht ins Bett und zieht sich die Decke über beide Ohren. Nach einer Weile steht sie jedoch wieder auf und stellt den Käfig auf den Flur. Es hat keinen Zweck, die beiden über Nacht auf dem Balkon stehen zu lassen. Sie entschließt sich, Rosenrot in den kleinen Käfig zu stecken, denn sie hat kein gutes Gefühl.

Tartufo hat sich schon längst ins Nest zurückgezogen. Rosenrot versucht, ebenfalls hineinzufliegen, aber sie ist viel zu ungeschickt und Tartufo duldet es auch nicht, denn er kommt sofort aus dem Nest herausgeschossen und fliegt zischend wie eine Natter hinter Rosenrot her - ein Alarmzeichen für Große Mutter, die beiden zu trennen.

Morgen ist auch noch ein Tag, denkt sie und lässt die beiden in getrennten Käfigen allein.

Der nächste Tag ist ein Sonntag. Große Mutter steckt Rosenrot wieder zu Tartufo in den Käfig, aber die zwei vertragen sich noch immer nicht und schon nach kurzer Zeit muss sie sie wieder trennen. Trotzdem lässt sie die beiden Käfige nebeneinander stehen. Vielleicht geht doch noch alles gut. Aber die Unruhe und die Schreie von Tartufo verfolgen sie den ganzen Tag. Große Mutter bemerkt, dass er noch immer hin und her flattert und kaum etwas frisst. Er fliegt gegen die Käfigstäbe, als wolle er sich absichtlich verletzen. Er schreit jämmerlich und findet keine Ruhe. Auch Rosenrot ist nervös und fliegt hilflos hin und her.

Große Mutter läuft auf dem Balkon spazieren und pfeift die Erkennungsmelodie. Noch immer hofft sie auf ein Wunder, dass Zimtsternchen einfach auf dem Geländer sitzt und zu ihr herüberschaut, wie schon einmal im Sommer. Aber nichts geschieht.

Inzwischen ist es Mittag geworden. Große Mutter ist ratlos! Und wenn sie sich vorstellt, dass Zimtsternchen ohne Schutz und ohne Fressen hilflos in der Kälte sitzt, verkrampft sich ihr Magen. Tartufo und Rosenrot fliegen wild im Käfig umher.

Große Mutter spürt, dass ihre Kräfte fast erschöpft sind und sie auch noch Tartufo verlieren wird. Er überanstrengt sich pausenlos und frisst nicht. Rosenrot pickt wenigstens ab und zu ein Hirsekörnchen, das sie hastig hinunterschlingt.

Tartufo möchte nicht mehr leben. Er ist so maßlos enttäuscht. Wieso ist er allein? Er ist so verzweifelt, dass er wieder und wieder so schrille Schreie ausstößt, die Große Mutter noch nie vorher gehört hat. Und um das Maß voll zu machen: Rosenrot erwidert seine Schreckenslaute und ist noch um einiges schriller. Und dann noch ihr blutroter Schnabel! Tartufo mag kaum hinsehen. Wie soll das nur weitergehen? Soll sie Rosenrot zurückbringen? Es fällt ihr schwer, einen positiven Gedanken zu fassen. Große Mutter pfeift wieder einmal die Erkennungsmelodie.

Tartufo hält im Fliegen inne, duckt sich und sieht sie fragend an. Er sitzt ganz still und wartet. Kommt Zimtsternchen? Nichts geschieht. Da nimmt er sein unstetes Flattern wieder auf und fliegt heftig gegen die Gitterstäbe. Er blutet bereits aus mehreren Wunden, seine Flügel sind ramponiert, sein Schnabel verkratzt, er beachtet es nicht.

Es wird ein ungemütlicher und sehr langer Sonntag. Große Mutter zwingt sich, die freilebenden Vögel zu versorgen, aber sie tut es mechanisch und lustlos. Sie betrachtet die Sperlinge und denkt: „Wegen einem von euch ist Zimtsternchen jetzt irgendwo da draußen!" Sie seufzt, langsam wird es dunkel. Tartufo hat heute wieder nicht gebadet und sie schüttet Vitamintropfen ins Wasser, damit er überhaupt etwas Nahrhaftes zu sich nimmt, denn Wasser trinkt er sehr oft.

Sie entfernt seine Badewanne, um ihn zu zwingen, aus der kleinen Schale zu trinken, damit er seinen Vitaminstoß bekommt. Dann schiebt sie den Käfig in den Flur und wünscht beiden eine gute Nacht.

Als es am nächsten Tag hell wird, beobachtet sie Tartufo und Rosenrot. Sie fliegen immer noch hin und her, aber sie sind schon langsamer geworden. Nach einer weiteren Stunde sitzen sie unbeweglich auf der Stange. Sie sind erschöpft und müde. Große Mutter hängt in jedem der Käfige frische Kolbenhirse auf und hofft auf ihren Appetit, aber nichts geschieht.

Sie trägt sie auf den Balkon und lässt sie allein. Sie suchen immer noch keinen Kontakt zueinander. Doch jetzt sieht Große Mutter Tartufo auf die Kolbenhirse springen und daran picken. „Gott sei Dank, jetzt wird er wenigstens überleben", denkt sie hoffnungsvoll. Große Mutter hat alle ihre Bekannten angerufen, ihnen von ihrem Missgeschick erzählt und sie gebeten, sich umzuhören, ob nicht irgendwo ein Zebrafink aufgetaucht ist. Selbst bei der Post, in den Lebensmittelläden und am Kiosk hat sie Suchzettel angebracht und alle mit dem gleichen Text versehen:

„Zimtfarbenes Zebrafinkenweibchen Freitag entflogen, sehnsüchtig erwartet von ihrem Männchen. Dringend!"

Große Mutter gibt sich alle Mühe, Tartufo und Rosenrot zusammenzubringen, wenigstens für ein bis zwei Stunden. Aber sobald Rosenrot bei Tartufo zu Gast ist, fliegen beide wie aufgescheuchte Hühner umher und Rosenrot stößt diese schrillen Schreie aus, die nicht nur Tartufo durch Mark und Bein gehen.

Große Mutter ist ratlos und möchte ebenfalls ihren Schmerz so hinausschreien, wie die beiden es tun. Aber ändert das etwas an der Situation? Mutlos zieht sich Große Mutter zurück und hofft, dass die Zeit diese Wunde heilt.

Glückliche Heimkehr

Tartufo und Rosenrot haben sich immer noch nicht akzeptiert. Sie leben bereits eine Woche miteinander und noch immer gibt es Rangeleien. Trotzdem lässt er sie nachts neben sich im Nest schlafen. Aber sobald sie morgens draußen sind, geht die wilde Jagd wieder los.

Tartufo ist durcheinander. Er hält Rosenrot für unreif und das ist sie ja auch. Mürrisch will er von einer Seite auf die andere fliegen. Schwupps, wird er von ihr gestreift. Sie hat keinen Orientierungssinn und sie rasseln so oft zusammen, dass Tartufo Angst hat, dass seine Rippen gebrochen sind. Er verschwindet, so oft er kann, im Nest, um Ruhe vor ihr zu haben. Sie versucht, ihm zu folgen, hat aber große Schwierigkeiten, das Nestloch anzufliegen. Meist knallt sie frontal dagegen und trudelt nach unten ab. Dieses Manöver stört Tartufo so sehr, dass er das Nest laut schimpfend verlässt und das Weite sucht.

Wie lange ist es her, dass er freudig seine Arien geschmettert hat? Müde und lustlos lässt er sich auf seiner Stange nieder und grübelt. Da kommt auch schon Rosenrot angesegelt. Er kann gerade noch zur Seite hopsen, sonst hätte sie ihn angerempelt.

Er keucht vor Aufregung und Enttäuschung. Er ist jetzt immer so durstig. Ihm ist vor Schreck so heiß geworden, dass er baden möchte. Rosenrot macht um die Wanne stets einen Bogen. Es ist ihm egal.

Er fliegt zum Trocknen zurück auf seine Lieblingsstange und fühlt sich so müde, dass er sich wieder ins Nest zurückzieht und so bequem ausstreckt, um Rosenrot den Einstieg zu erschweren. Tartufo ist so erschöpft, dass er gleich einschläft und von Zimtsternchen träumt. Er sieht sie neben sich liegen und sie kuschelt sich ganz eng an ihn. Er lässt einen Glücksseufzer los, reckt und streckt sich wohlig und tritt ins Reich der Träume ein.

Unsanft wird er geweckt. Rosenrot plärrt zum Steinerweichen. Wütend schlägt er die Augen auf- zerrissen ist sein schöner Traum! Die Realität hat ihn eingeholt. Tartufo ist so böse, dass er auf Rosenrot losgehen und sie hacken könnte ... ja sogar aus dem Käfig verjagen! Aber seine gute Erziehung lässt das nicht zu. Rosenrot lässt ihre Schimpftiraden über Tartufo prasseln und wird immer ärgerlicher, als sie bemerkt, dass er überhaupt nicht darauf reagiert. Sie fliegt direkt auf ihn zu und ... prallt mit ihm zusammen. Empört schreit er auf und hackt auf sie ein. Rosenrot hackt zurück.

Eine unselige Situation! Tartufo ist beleidigt, fühlt seine Autorität untergraben und versucht, diesem aggressiven Luder aus dem Weg zu gehen.

Große Mutter legt Tarotkarten und zieht die Sonne, eine ausgesprochen positive Karte. Sie lächelt und geht beschwingt durch die Wohnung. Sie weiß, alles wird gut.

Belustigt schaut sie den beiden zu, die sich gar nicht so recht mögen und immer streiten. Aber Große Mutter hat ihre Angst überwunden und ihre Zweifel beseitigt.

Sie sieht den Dingen gelassen entgegen und weiß aus ihrem Inneren heraus, dass sich alles zum Guten wendet, wie es auch ausgehen mag. Vielleicht hat Zimtsternchen ein neues Zuhause gefunden, so wie damals Tartufo, als er plötzlich bei ihr im Wohnzimmer stand?

Sie beschließt, den Dingen ihren Lauf zu lassen und bringt ihren Haushalt in Ordnung, den sie arg vernachlässigt hat.

Wieder ist es dunkel geworden. Tartufo und Rosenrot sitzen auf derselben Stange, zwar nicht aneinander geschmiegt, wie sie es von Zimtsternchen gewohnt ist, sondern weit auseinander. Aber immerhin, sie sind sich schon näher gekommen.

Große Mutter beginnt, das Fressen für ihre beiden Vierfüßler vorzubereiten, als das Telefon klingelt. Sie nimmt ab und stößt einen lauten Schrei aus! Die Hunde zucken zusammen. Große Mutter ist selig! Zimtsternchen ist aufgetaucht! Eine Familie in der Nachbarschaft hat sie eingefangen und zu ihren Vögeln in die Voliere gesteckt. Sie haben den Anschlag gelesen und sie sofort angerufen. Große Mutter strahlt. Sie kann sie sofort holen und fiebert dem Augenblick entgegen, sie in Empfang zu nehmen und verlässt sofort ihre Wohnung. Nach einigen Minuten hat sie Zimtsternchen wieder, unversehrt und gesund. Sie kann gar nicht schnell genug nach Hause kommen, um sie Tartufo zu präsentieren. Sie eilt zum Käfig, doch dann überlegt sie: „Was mache ich mit Rosenrot?" Schnell fängt sie Rosenrot ein, steckt sie in den kleinen Käfig und stellt ihn ins Bad. Dann öffnet sie ihren Pappkarton, pfeift voller Inbrunst ihre Erkennungsmelodie, schaltet alle Lichter im Flur ein und lässt Zimtsternchen in den Käfig hineinplumpsen.

Zimtsternchen hopst auf den Boden, sieht sich um und stößt ihre gackernden und wohlbekannten Schreie aus. Tartufo stürzt zu Boden, er kann nicht glauben, wer da vor ihm sitzt und schmettert eine Arie, so laut und kräftig, wie er nur fähig ist. Dann beschnäbeln sie sich und überschütten sich mit allen Zärtlichkeiten, deren sie fähig sind. Es ist eine Freude, ihnen zuzusehen, endlos verharren sie ineinander verschmolzen und Tartufo zieht schließlich seinen Kopf ein und lässt sich von Zimtsternchen kraulen wie in früheren Zeiten. Er schließt seine Augen und ist glücklich. Beide vergessen Zeit und Raum und sind nur für sich da.

Tartufo erwähnt Rosenrot überhaupt nicht. Sie ist ihm auch vollkommen gleichgültig.

„Für sie wird sich sicher eine Lösung finden!", denkt er glückstrunken und schmiegt sich noch enger an Zimtsternchen heran. Sein Herz schlägt nur für Zimtsternchen und Zimtsternchens Herz nur für ihn!

Große Mutter sieht ihnen lächelnd zu. Auch sie erlebt ein solches Glücksgefühl und könnte durchs Zimmer tanzen. Sie atmet tief durch und gießt sich ein Glas Wein ein.

Es dauert nicht lang und Zimtsternchen und Tartufo fallen mit Heißhunger über die Kolbenhirse her. Selbstverständlich ganz nahe beieinander! Gesättigt und zufrieden suchen sie schließlich ihr Himmelbettchen auf, kuscheln sich in ihr Nest und schlafen glückselig ein. Sie sind wieder vereint und ihre Welt ist wieder in Ordnung.